ちくま新書

避けられた戦争

——一九二〇年代・日本の選択

油井大三郎
Yui Daizaburo

1499

避けられた戦争——一九二〇年代・日本の選択【目次】

凡例

一　支那やシナの表記は引用文内で使用されている場合以外は、中国と表記した。
二　満州の表記も引用文で満洲と表記されている場合以外は、満州と表記した。
三　カタカナ交じりの引用文は、読みやすくするため、ひらがな表記に改めた（読みが難解な人名や事項については、ふりがなをルビで表記した）。
四　年号の表記は、外国史との連関を分かりやすくするため、西暦を基本とし、適宜元号を併記した。
五　敬称は省略した。

プロローグ

　いったい、どこでボタンを掛け違ったのだろうか。一九二〇年代の日本は、紛争の平和的解決をめざして設立された国際連盟の常任理事国に選ばれ、一九二二年にワシントンで締結された九カ国条約では中国の領土保全や門戸開放・機会均等を約束した。また、一九二八年には「国権の発動としての戦争放棄」を規定した不戦条約にも調印した。

　つまり、一九二〇年代の日本は、国際平和をリードする大国の一つとして期待されていたのである。にもかかわらず、一九三〇年代に入ると、一転して満州事変を引き起こし、九カ国条約や不戦条約に最初に違反した国という不名誉を与えられることになる。そして、日中戦争を経て、四〇年代初めには日米戦争へと自滅の道に突入していった。

　このような激しいコントラストはなぜ発生したのだろうか。戦争への道を防ぐ方法はなかったのだろうか。

　本書は、一九二〇年代の日本の中にあった戦争を避ける選択肢の発掘をめざすものである。歴史研究は、実際に起こった事件の因果分析を旨とする場合が多いので、棄てられた選択肢は無視されがちである。しかし、実際の歴史過程では、多くの選択肢の中から特定の道が選ばれ、別な道は捨てられていったのであり、本書は、その別な選択肢＝オルターナティヴの発掘をめざすものである。

著者は、長年、日米関係を中心とした国際関係史を研究してきたが、一九二〇年代に関する日本史研究の成果を概観して、その実証レベルの高さに驚くとともに、世界史や国際関係史との接合が不十分である印象を強くしてきた。近年、日米関係史だけでなく、日中関係史、英中関係史、日ソ関係史などで新しい研究成果が続出している。それ故、本書は、豊富な日本史研究の成果に新しい世界史や国際関係史の成果を接合することで、戦争を避ける道の発掘を試みようとするものである。

†転機はいつか?

日本が満州事変への道に突入してゆく過程を振り返ると、いくつかの要因が見いだせる。

その第一は、中国における内戦で日本人居留民の生命や財産が危険にさらされたり、中国が帝国主義時代に失った様々な利権（租借地など）の奪還や不平等条約の改正を求める「国権回復運動（回収運動ともいう）」を激しく展開したことを「排日」と捉え、反発したこと。

第二に、中国に対する「領土保全・門戸開放・機会均等」を主張して、この国権回復運動に好意的な姿勢を示した米国が、一九二四年の移民法で日系移民差別の条項を挿入したことに反発し、「反米意識」に駆られていったこと。

第三に、ロシア革命によって成立したソ連邦が、中国で共産党などによる国権回復運動を支援したため、満蒙における日本の「特殊権益」がソ連と中国共産党の両方から脅かされているという「反ソ・反共意識」を抱いたことなど。

図1 「タイム」誌の表紙を飾った幣原喜重郎

最低、この三要因の検討が不可欠であろう。このような「反中」、「反米」、「反ソ・反共」意識は、一九二〇年代の日本人に「国際的孤立感」を抱かせ、軍事力で満蒙の「特殊権益」を守るしか道がないと思わせていったといえるだろう。しかし、本当にこれらの対抗意識は実体を反映したものだったのか。

「人間は、自らの世界観や思想という眼鏡を通して対象をみる」という。眼鏡が歪んでいれば、対象を正確にみることはできない。当時の日本人の国際政治観に歪みはなかったのか。当時の日本にも、国際連盟やワシントン条約を重視する「国際派」が存在し、自国中心的な主張を展開する「民族派」と激しい論争を展開していた。結局、「民族派」が勝利して、満州事変に至るのであるが、幣原喜重郎《しではらきじゅうろう》のような国際協調派が通算四年半も外相をつとめた時代もあったのだから、いつが転機だったのか、正確な検証が必要となる。

†マクマリー説の波紋

近年、一九二〇年代後半に駐中国公使を務めたジョン・ヴァン・アントワープ・マクマリーが一九三五年に書いた覚書が日本史家の間で注目されている。その覚書を発見し、解説つきで出版した米国海軍大学教授のアーサー・ウォルドロンの本のタイトルは『平和はいかに失われたか』である。まさに「戦争を避ける道」の発掘とは逆の問題関心であるが、触れ合うところもあるので、その論点を紹介してみよう。ウォルドロンは解説の中で、マクマリーの考えをこう紹介している。

「ワシントン会議は、確かにアジアでの国際協力を達成することのできる枠組みを決定した。しかし一九二〇年代において、日本がワシントン条約の条文と精神を厳密に守ろうとしているのに、この合意のもう一方の当事者、特に中国と米国が条約諸規定の実施を繰り返し阻害したり、拒否する事実のあったことを彼は指摘した。このように米国に教唆された中国は、自らの国際的地位を保証してきた法的な枠組みを一貫して軽視し、それによって日本の激しい怒りを招く結果となった。日本にワシントン条約を遵守させるのはなかなかむずかしかったのだから、日本の態度は評価されるべきだとマクマリーは主張した。」

という（ウォルドロン、七頁）。

図２　ジョン・ヴァン・アントワープ・マクマリー

つまり、マクマリーによると、一九二〇年代の東アジアにおける中心的な国際秩序となったワシントン条約に違反したのは、日本ではなくて、中国や米国であり、その結果、日本の暴走を招く結果となったということになる。換言すれば、中国や米国がワシントン条約をきちんと守っていれば、戦争は避けられたということになる。この解釈は、日本に極めて好意的であるので、日本史家の注目を集めているのだろうが、逆に、中国の国権回復運動とそれに好意的であった米国に批判的である特徴がある。このマクマリー説をどう考えたらよいか、本論の中で検討してみたい。

†ポスト冷戦下の新しい研究動向

冷戦が終結した一九九〇年代以降、一九二〇年代の日本をとりまく国際関係史の研究も新たな展開を見せてきた。まず、日米関係では、ウィルソン政権の対日政策に関する研究（高原、二〇〇六年）や米国の門戸開放政策と日本との関係の研究（北岡、二〇一五年）、また、日米中関係に関連しては、先に触れた駐中国アメリカ公使だったマクマリーが一九三五年に書いた覚書の紹介本（ウォルドロン、原著一九九二年、邦訳一九九七年）が注目を集めている。また、米国の一九二四年移民法が日本に与えた影響に関する研究（廣部、二〇一七年）の他、米国における戦争違法化運動と不戦条約の関係に関する研究（三牧、二〇一四年）、米国における国際法思想の展開過程の研究（篠原、二〇〇三年）などがある。

次に英中関係、とくに英国が中国に保有していた特権を手放してゆく過程の研究（後藤、二〇〇六年、Chow, 2017）がある。また、日中関係に関しては、ワシントン会議と中国との関係に関する研究（川島、二〇〇四年）や中国が関税自主権を回復する過程の研究（久保、一九九九年）がある。さらに、日ソ関係では、建国間もないソ連が日本との戦争を避けるため何度か不可侵条約の提案をしていた過程の研究（富田、二〇一〇年）などがある。

他方、日本史の研究では、まず、史料面で『昭和天皇実録』（全一八巻、二〇一五～一九年）の刊行で一九二〇年代の昭和天皇が英米協調的な姿勢で時に政治介入をしていた過程が明らかになった。また、宮中と政治家の関係についての研究（黒沢、二〇一三年）などが出ている。さらに、日中ソの史料を駆使したマルチ・アーカイバルな研究（服部、二〇〇一年）がでているし、ロンドン海軍軍縮条約に関する研究（関、二〇〇七年）などがある。

もちろん、一九二〇年代の日本外交史研究には他にも多くの成果があるが、筒井清忠によると、昭和史研究の場合、「研究の専門化・細分化が甚だしく研究者間の共通の認識が乏しくなっている」という（筒井編、二〇一五年、七頁）。その結果、日本史研究者間の対話が難しくなっているだけでなく、日本史と外国史との対話も難しくなっており、それは、歴史教科書の記述にも表れている。

†歴史教科書におけるギャップ

一例として高校の歴史教科書で最も採択率の高い世界史と日本史の教科書（『詳説世界史』と『詳説日本史』山川出版社、ともに二〇一六年改訂版）における第一次世界大戦とその影響に関する記述を比較してみよう。まず『詳説世界史』では、第一次世界大戦を「ヨーロッパ近代の破綻」を意味する一大転換期と位置づけ、次のように記述している。「大戦は総力戦となり、参戦各国の大戦前の政治・社会構造を変容させ、さらにロシア革命をもたらし、アメリカ合衆国の世界政治への登場を導いた。同時に、大戦が明らかにしたヨーロッパ近代の破綻は、インド・中国などを先頭に非ヨーロッパ諸地域の自立化への歩みを加速させた。戦後、ヴェルサイユ体制とワシントン体制のもと、国際連盟による平和の実現が期待された。また、多民族国家で構成されたオーストリアやオスマン帝国が解体して国民国家が主流となり、民主主義の実現と経済の回復への多様な取組がこころみられた」(三三一頁)。

それに対して『詳説日本史』における第一次大戦とその後の記述はこうなっている。「中国におけるドイツの根拠地青島と山東省の権益を一九一四(大正三)年中には接収し、さらに赤道以北のドイツ領南洋諸島の一部を占領した」(三一〇頁)。「戦勝国としてのぞんだ講和会議でありながら、山東還付問題で中国やアメリカから批判されたことに、講和会議に参加した外交官や新聞各紙の記者は衝撃をうけた。このような時代の風潮の中で、北《きた》一輝《いっき》は『日本改造法案大綱』を書き、大川周明らは猶存社《ゆうぞんしゃ》を結成した」(三一七頁)。

他の教科書でも世界史と日本史の教科書の間には同様のギャップがみられる。つまり、日本史の場合、第一次世界大戦で獲得した山東半島などの利権がパリ講和会議で返還を迫られたことへの反発から、右翼的な対外膨張思想が誕生したという基調で書かれているのであり、軍事力で領土や市場の拡大を図る「旧外交」を当然視する論調がうかがえる。

それに対して、世界史の場合は、史上初の総力戦が戦われる中、膨大な犠牲者を出した反省から戦争によらないで紛争を解決する方途の開拓から国際連盟の創設や民族自決権の承認による国民国家の創設という「新外交」への転換が図られた点が強調されているのである。簡単にいえば、日本史では「旧外交」の継続性が強調されているのに対して、世界史では「新外交」への転換が重視されているのである。

このようなギャップが発生する背景には、第一次世界大戦の受け止め方に関して日本と世界の間に大きな差が存在しており、それが戦後体制のあり方の認識にも及んでいると思われる。この点は、歴史教育の問題だけでなく、両大戦間期に関する歴史研究における国際関係史と日本史の間のギャップとなっている点は今後、本論で詳しく検討したいと考えている。

二〇二二年から高校の歴史教育では、近現代の世界史と日本史を統合した「歴史総合」という科目が新設され、必修科目となるだけに、今後、世界史と日本史におけるギャップを研究面だけでなく、教育面でも縮小する努力が益々必要になるだろう。本書は、一九二〇年代に関するそのような努力の一つでもある。

†学術書と一般書のギャップ

もう一つ考えなければならない問題として、一九二〇年代の日本史に関する学術書と一般書とのギャップの問題がある。それは、第二次世界大戦中に日本が外国人に与えた被害に対する戦後補償問題が日本社会の大きな関心事になった一九九〇年代ごろから、日本の戦争責任を否定するような一般向けの昭和史本が横行し始め、現在もその傾向が続いているからである。

その点に関連して、筒井清忠は先に引用した本の中でこう述べている。このような不正確な昭和史本は「新しい研究の成果など全く追っていないので、過去の間違いがそのまま踏襲されていたり、俗説や伝承の類がチェックもなく横行したりしている。自分らに都合のいい心地よい昭和史を実証的根拠もなくそれらはもっともらしく語っている」と（八～九頁）。

確かに、アジア太平洋戦争における日本の戦争責任を無視ないし軽視することを意図した本の場合、執筆の目的に合わせて、史実が選択されがちである。誰でも、民族主義的な心情にたつ場合、自分の先祖がかりに誤りを犯しても、その誤りをかばい、先祖への誇りを維持したいと思うのは理解できる。しかし、その信条の為に、史実をまげることは許されない。そのような著作はもう学問ではなく、プロパガンダになってしまうからである。しかし、同時に、ここには、史実と評価の微妙な関係という問題がからんでいることも無視できない。

†オルターナティヴの歴史研究と史実

本書は、「戦争を避ける道」を探るという、一九二〇年代の日本では実現しなかった、別な選択肢＝オルターナティヴの発掘を目指すのであるから、著者の価値判断によって、恣意的に史実を選択してしまう危険がある。それでは、「日本の戦争責任を無視する」意図で書かれた本と大差ないのではないか、という疑問が発生するだろう。

しかし、歴史研究が学問である限り、著者の願望で歴史を書くことは許されない。それ故、「別な選択肢」を発掘する場合でも、それが問題の時期に実際に存在した人物によって主張されていたものである必要がある。過去に実在しながら、それが採用されなかった理由も含めて、検証する必要がある。今までの日本における一九二〇年代研究では、国際派に関心のある研究者は専ら国際派を研究し、民族派に関心のある研究者はそればかりに関心をよせる傾向があった。しかし、現実には、両者は論争の中で政策決定をしてきたのであるから、本書でも両者を相関的に扱う努力をしてゆこうと思う。

†本書のアプローチ

一九二〇年代の日本における「戦争を避ける道」の発掘をめざす本書では、狭義の政策決定過程に分析を限定することはできない。なぜなら、狭義の政策決定研究に限定すると、時代が進むにつれ、戦争を避ける可能性は減少してゆくので、政策決定者だけでなく、民間の知識人や政治家も含めて、様々な意見の布置連関を対比的に分析する必要がある。

その際、民族派と国際派の対立を軸に分析を進めたい。一九二〇年代の文脈では国際派は、国際連盟などの国際機関を重視して、戦争を避けることを目指したのに対して、民族派は、自国の利益追求を第一に考えて、戦争への道を主導したといえるだろう。もちろん、この二派に分けられない立場もありうるし、それぞれの派内にもニュアンスの違いはありうるが、それは本論の中で説明してゆきたい。また、双方の主張については、できるだけ当事者の主張を、日記や回顧録、論文、著作などで復元するようにしたい。

また、一九二〇年代の重要な出来事を選んで両者の論争点を明確に示すようにするが、争点となる出来事としては、①ヴェルサイユ講和条約（一九一九年）、②ワシントン条約（一九二二年）、③一九二四年の米国移民法、④中国の国権回復運動、⑤張作霖《ちょうさくりん》爆殺事件（一九二八年）、⑥ロンドン海軍軍縮条約（一九三〇年）、⑦満州事変に注目したい。これ以外にも重要な事件はあったが、紙幅の制限もあり、この七件に限定して、できるだけ民族派と国際派の論争点とその変化を明らかにすることで、日本が戦争を避ける可能性がいつまであったのか、を解明することにしたい。

第一章
ヴェルサイユ会議と日本

パリ講和会議
(左からオルランド首相、ロイド=ジョージ首相、クレマンソー首相、ウィルソン大統領)

1　第一次世界大戦の講和構想をめぐる対抗

†膨大な犠牲者を生んだ第一次世界大戦

第一次世界大戦は、史上初めての「総力戦」となった。当初は短期戦で終わると予想されていたが、実際には四年余も続き、大量の重火器や戦車、大型戦艦、飛行機を投入する大規模戦争になった。しかも、すべての交戦国が徴兵制を導入して戦ったので、兵員の動員数は急増した。英仏露米日などの連合国側は四一〇〇万人を動員し、五一五万人の兵士が戦病死した（一二％）。独墺などの同盟国側は二二二一万人を動員して、三三九万人の戦病死者を出した（一五％）。その上、総力戦では、軍需工場や一般市民も標的になったため、民間人の犠牲者が急増し、両陣営合わせて約六六〇万人もの犠牲者をだした（Wright, p.664）。

一九世紀までの戦争では戦闘は専ら戦場で兵士同士によって展開されたので、戦死者は兵士に限られていたが、第一次世界大戦では膨大な民間人の犠牲者がでたので、欧米社会に衝撃をあたえた。その上、多くの国で食糧など日用品の欠乏に悩まされていったため、戦争が長引くにつれて、厭戦の声が高まり、反戦運動が表面化していった。

†ロシア革命政府の「平和に関する布告」

とくに、ツァーリズムの独裁体制によって政治的な自由が奪われていたロシアでは不満が一挙に噴き出し、一九一七年三月に勃発した革命でロマノフ王朝が崩壊し、共和制に移行した。しかし、その共和政府は戦争を継続したため、民衆の支持はレーニンを指導者として、即時講和を主張したボリシェヴィキに集まり、一一月革命が発生した。この革命政府は、交戦国政府に対して「無併合・無償金・民族自決」を講和条件とする休戦協定の即時締結を呼びかけた（田中陽児ほか、一九九七年、四八頁）。

それまでの帝国主義的な戦争では、戦勝国が敗戦国から領土を奪ったり、賞金を取り立てたり、植民地を拡大したりすることが当たり前であった。ロシア革命政府は、この帝国主義な戦争方式を原理的に否定する講和を提唱したのであった。同時に、ツァーリ政府が英仏などと戦勝の暁に植民地などの分割を約束した秘密協定を暴露した。

この暴露は、連合国の諸政府に大きな衝撃を与えた。なぜなら、第一次世界大戦中の連合国は「ドイツ軍国主義を打倒して欧州に平和をもたらすこと」を戦争目的として掲げ、戦争を正当化してきたからである。しかし、ロシア革命政府が暴露した秘密協定によって、

図3　T・ウッドロー・ウィルソン

実際の戦争は「正義の戦い」なぞではなく、「物取り目当ての戦争」であることが暴露されたのであった。

ウィルソン大統領の「一四カ条」

ロシア革命政府によるこの秘密協定の暴露に対して最も強く反応したのはT・ウッドロー・ウィルソン大統領率いる米国政府であった。なぜなら、ウィルソンは、ヨーロッパで戦争が始まった時には、物取り戦争と批判して、中立を宣言していたが、ドイツによる潜水艦攻撃でアメリカ人にも犠牲者がでる中で、一九一七年四月に対独宣戦を布告し、その際の戦争目的として、「民主主義のために世界を安全にする」ことを掲げていたからである。つまり、世界に民主主義を広めるために参戦したはずなのに、友邦の英仏露は領土や植民地を分割する密約を結んでいたことが露見したからであった。

その結果、ウィルソンは、ロシア革命政府の「平和に関する布告」に対抗して、独自の講和条件の提示が必要と考えて、一九一八年一月に公表したのが有名な「一四カ条」の講和条件であった。そこでは、①秘密条約の廃止、②公海の自由、③軍縮、④国際通商上の障壁の除去、⑤東欧諸民族の民族自決、⑥植民地問題の公正な解決、⑦国際機関の設立などが提案されていた。ここに、軍事力で領土や植民地の拡大を当然視してきた「旧外交」に代わって、国際機関の設立などによって紛争の平和的な解決をめざす「新外交」が登場することになった。

ウィルソンは、南北戦争で大きな被害をうけた南部の出身者で、身近に多くの戦争犠牲者がいた。南北戦争は内戦であり、親族や友人が南北に分かれて戦った悲惨な戦争であった。戦死者は米国史上最大の六二万にも達しただけに、米国国民の間では二度と繰り返してはいけない戦争として語り継がれている。そのような南北戦争を少年時代に目撃したウィルソンは、国際仲裁裁判所の設置などによって紛争を平和的に処理することを要求する米国平和協会に一九〇八年以来所属していた（油井、八三、一一九頁）。第一次世界大戦の体験は、ウィルソンに一層戦争の悲惨さを実感させたのであり、戦後世界に平和を実現する中核として国際連盟の設立を構想したのであった。

ただし、民族自決の原則に関しては、ロシア革命政府の「平和に関する布告」では無条件の適用が提案されていたのに対して、「一四カ条」では東欧諸民族への適用が提案されただけで、植民地状態にあった諸民族に対しては宗主国と被植民地諸民族間の「公正な解決」を図るという曖昧なものだった。そのため、実際の講和交渉が始まると、植民地状態にあったアジアの諸民族の間でウィルソン構想への失望が広がることになる。

2　ヴェルサイユ講和会議の召集

†第一次世界大戦の終結

ロシア革命政府の提案に対して、他の連合国が同調しなかったため、革命政府はドイツと単独で講和条約を結ぶことを決断し、一九一八年三月にブレスト・リトフスク条約を締結した。この条約でロシアはポーランドなど広大な領土を失ったが、それよりも平和の実現を優先したのであった。しかし、他の連合国は、勝手にドイツと講和条約を締結したロシア政府に対する反発を強めた上、社会主義をめざす政権に脅威を抱いた。その結果、一九一八年四月からは英仏などが対ソ干渉戦争に踏み切ったし、日米は八月からシベリア出兵に乗り出した。

他方、ドイツでは長引く戦争に反発した兵士による反乱が一九一八年一一月に発生し、ヴィルヘルム二世はオランダに亡命、ドイツ帝国は崩壊した。その結果、共和国政府との間で休戦協定が成立し、ドイツとともに戦ってきたオーストリア・ハンガリー帝国やオスマン帝国も休戦に応じた。その結果、四年余の長きにわたった第一次世界大戦はようやく終結を迎えた。このように、ロシアとドイツの終戦が社会革命によってもたらされたことは、「大衆政治」時代の到来を世界に印象づけた。日本でも戦争中の一九一八年八月、米価の高騰に反発した主婦による米騒動が全国各地で発生し、七〇万人が参加した。

ヴェルサイユ講和会議の始まり

ドイツとの講和会議は、一九一九年一月からパリのヴェルサイユ宮殿で始まった。この会議では戦勝国、とりわけ、米英仏伊日の五大国が議事を主導し、戦勝国全体の合意をとりつけた後に、ドイツに受諾させる方式がとられたので、ドイツ側では「押し付け」との反発が残った。

米国からはウィルソン大統領、英国からはデイヴィッド・ロイド・ジョージ首相、フランスからはジョルジュ・クレマンソー首相が自ら出席し、議論をリードしたが、日本からは原敬《はらたかし》首相は出席せず、元首相の西園寺《さいおんじ》公望《きんもち》が首席全権となり、元外相の牧野《まきの》伸顕《のぶあき》、珍《ちん》田《だ》捨巳《すてみ》駐英大使などが全権として出席した。西園寺は健康上問題を抱えていたため、牧野が事実上の首席全権の役割をはたした。また、近衛文麿は弱冠二八歳であったが、随員として参加した。日本も五大国会議の一員に加えられたが、日本が積極的に議論に加わった

図4　ヴェルサイユ会談に向かう牧野伸顕（右）

のは、戦争中に日本軍が占領した旧ドイツ利権の山東半島や南洋諸島の帰趨や日系移民差別との関連で提案した人種平等条項に限られており、他の大国からみると「サイレント・パートナー」であった（井上、二〇一二年、一二四頁）。

†日本代表団の準備

ヴェルサイユ会議に臨むにあたり、日本政府では、一九一八（大正七）年一二月に開催した政府首脳による外交調査会で対応を検討し、原首相も出席した。その席で牧野は、次のような意見を開陳した。「今日は平和主義を尊重し威圧主義を排斥するのは世界の風潮である。所謂米国主義は世界到る処で異口同音に唱道されている。旧来の外交とは形勢が一変している事態に付いては各位閣下のご留意を願う次第なり」（カタカナ表記のひらがな表記への転換は引用者）と。このように、牧野はウィルソンの「新外交」がこれから世界の趨勢になるとの意見を表明した上で、対中政策として、治外法権の撤廃や日本軍の撤退、義和団事件の賠償金の放棄などを率先して表明することによって日中親善の実を挙げる政策の採用を提案した（小林、三二六頁）。

この牧野発言は、当時外務省の政務局第一課長をしていた小村欣一の覚書を参考にしていたといわれるが、小村は、この覚書で、「此機会に於て従来列国の疑惑を招いてきた武断侵略的政策を一擲」することや「従来保持してきた日本の特殊地位乃至勢力範囲というような主張を維持すべきかどうか疑いないとはいえない」（カタカナ表記のひらがな表記への転換は引用者）と主張していた（麻田、一〇六頁）。

この牧野の意見に対して、伊藤博文内閣の書記官長をつとめた伊東巳代治《いとうみよじ》は、軍備の縮小や海洋の自由といった主張は、「アングロ・サクソン」人種の現状維持を目的とする一種の政治同盟をめざすもので、それ以外の国の将来の発展は掣肘《せいちゅう》されるとの懸念を表明した。また、田中義一《たなかぎいち》陸相は、中国からの日本軍の撤退は中国における治安の安定がない限りありえないと反論した。つまり、伊東や田中は「旧外交」的な発想から「新外交」への批判を表明したのであり、結局、原内閣としての基本方針は山東や南洋諸島などの「独逸国領土の無償譲渡」を要求することに集中すると決定した（小林、三三九〜三四〇頁）。

†日本の対華二一カ条要求と米国の反発

日本にとって、山東利権とともに、重視したのが一九二三（大正一二）年で切れることになっていた旅順・大連を含む関東州の租借権をどう延長させるかという問題であった。それは、一八九八年にロシアが清から獲得したこの租借権が二五年間で切れることになっており、その条件を日露戦争後、日本がそのままロシアから引き継いでいたからであった。

そのため、日本は、西洋列強の関心がヨーロッパに集中していた第一次世界大戦中の一九一五年一月に「二一カ条要求」を中華民国の袁世凱《えんせいがい》政府に突き付けた。その内容は、一号が山東半島のドイツ利権の日本による継承、二号が日露戦争で日本がえた南満州利権を、東蒙古に拡大した上で期間を延長すること、三号が漢冶萍《かんやひょう》公司の日中合弁化、四号が中国沿岸の不割譲、に加えて、五号として日中共同警察の創設や中国中央政府の政治・財政・軍事顧問への日本人の採用、を要求した。ただし、この五号については希望事項として提示したが、北京政府はこの「二一カ条要求」をマスコミなどに公表したため、欧米列強は強く反発した。その結果、日本は、五号を除いた形で最後通牒を北京政府に突き付ける形で要求し、五月九日に北京政府はこれを受諾した。

これに対して、ウィルソン政権は、五月一一日に、「米国および中国在住の米国人の条約権、中華民国の政治的、領土的保全あるいは通常門戸開放政策として知られる中国に関する国際政策を侵害するものを米国政府は承認しない」として、強い抗議の意思を表明した（グリスウォルド、二〇五頁、一部改訳）。

また、中国国民は、二一カ条要求に袁世凱政権が屈したことに強く反発したため、寺内内閣は民間人の西原亀三を中国に派遣し、袁世凱の死去後、実権を握った段祺瑞《だんきずい》政権に対して約一億四五〇〇万円もの借款を供与して、段政権を支えていった。

†米国と中国の参戦

一九一七（大正六）年四月に米国が第一次世界大戦に参戦すると、米国は、欧州戦線に勢力を集中させるため、極東においては日本と利害を調整する必要を感じた。その結果、一九一七年一一月に訪米した石井菊次郎特派大使とランシング国務長官の間で、日本が中国における門戸開放と領土保全・独立を尊重する代わりに、米国は、日本の領土が接続している地域（満州）に特殊権益をもつことを承認した。このような「勢力圏」の承認は、明らかにウィルソンの「一四カ条」とは矛盾したため、米国はヴェルサイユ会議でこの協定の破棄を主張し始め、一九二三年に破棄された（グリスウォルド、二三五頁）。

他方、中国は、当初、中国に進出している列強同士の戦闘に巻き込まれることを心配して、第一次世界大戦には中立を維持していたが、米国の参戦後は参戦によるドイツやオーストリアとの不平等条約の解消、講和会議で日本の二一カ条要求を解消する可能性の追求、義和団賠償金のドイツへの支払い停止などが可能になると考えて、一九一七年八月に参戦した。

†ヴェルサイユ講和会議における山東問題

中国は、ウィルソンの「一四カ条」が伝えられると、それを「公理」とか、「公道」と受け止め、講和会議でそれが実現される期待を膨らました。具体的には、山東返還だけでなく、関税自主権の実現や領事裁判権の廃止などの不平等条約の改正、駐留外国軍隊の撤退などの実現が要求された。つまり、列強との交渉によって国権の回復を図る「修約外交」の始まりであった。(川島、二五一〜二五三頁)。

そこで、講和会議には英語が達者な顧維鈞を送り込み、一月の会議冒頭から山東の日本への譲渡に反対する演説を行った。これに対して、牧野は、山東の自由処分権は日本が獲得したのであると反論し、議論は膠着状態に陥った。その後、ウィルソンは米国に一時帰国した際、上院における国際連盟案に対する批判を緩和させるため、モンロー・ドクトリンの考えを連盟規約に取り入れる修正案を検討した。しかし、この修正が日本の満州に対する特殊権益を容認する方向に使われる心配が生じたので、それを回避するため、四月に入って、ランシング国務長官が山東権益の国際管理案を提案した(高原、二一七頁)。

これに対して、牧野は、膠州湾租借地はドイツ領ではないので、その処分のあり方は国際連盟によるドイツ領植民地の処分法とは異なるべきこと、また、山東省の旧ドイツ利権の処分法は一九一五（大正四）年の日中条約で決定済みであると反論した。牧野の回想によると、米国では中国に同情的な世論が強く、ウィルソンは、「自分もアメリカの輿論《よろん》を控えているので困っている。その事情を察してもらいたい」とこぼしていたという（牧野、下、一九七八年、二二二頁）。それ故、彼は、日本に対して、「極東において最も先進的な国である日本が、みずからの地位が極めて傑出した世界においてこの新しい思想（国際連盟の中心思想である国家間の相互扶助の精神、高原注）を擁護する立場をとることをこの目で見たいものである」（高原、二一九頁）といった理想に訴える論法さえとったという。

しかし、英仏は、戦時中の密約で、旧ドイツ利権の日本への譲渡を了承していたので、むしろ山東問題ではウィルソンが孤立した。しかも、珍田大使が、山東の日本への譲渡が認められないなら、日本は会議を離脱せざるをえないと示唆すると、国際連盟の発足を最優先したいウィルソンは山東問題での妥協を決断し、中国には問題を国際連盟にもちこむことを勧めたという。結局、日本が「旧独権益の自由処分権を得た後、中国の完全なる主権の下に山東半島を将来返還し、ドイツに認められた経済的特権のみを保持する」点で合意にいたったという（高原、二三二頁）。また、南洋諸島の旧ドイツ領は、新しく国際連盟の下に設置された委任統治領として日本の管理に委ねられた。

結局、山東半島の中国への即時返還や二一カ条要求の破棄はヴェルサイユ会議では認められなかったのであり、それを知った北京の学生たちは五月四日に一斉に抗議デモを行い、それが全国に波及した。五・四運動である。この国民的な反発から北京政府はヴェルサイユ条約の調印を拒否することになった。

†人種平等条項の否決

ヴェルサイユ条約の制定で日本が関わったもう一つの争点は、信教の自由を明記した連盟規約二一条に人種平等の条項を追加しようという問題であった。

米国では一八八二年に中国系移民排斥法が成立してから日系移民が代わって米国本土で増加していった。ちょうど大陸横断鉄道が完成し、中西部の安い農産物が西海岸に流入したため、麦やトウモロコシなどの粗放農業が成り立たなくなり、果物や野菜に西海岸の農業が転換していった頃であった。しかし、日露戦争で日本が勝利すると、米国でも黄禍論《こうかろん》が高まり、一九一三年にはカリフォルニア州議会で日系移民の農地所有を禁止する州法が制定され、日米関係悪化の要因になっていた。

このような日系移民差別を抑制する効果を狙って、日本政府は、連盟規約に人種平等条項の挿入を提案した。牧野によると、ウィルソンの懐刀であったE・M・ハウスが賛成して、ウィルソンの了解を取り付けてくれたので、英国のロイド・ジョージもA・バルフォア外相も別段異存はないと表明したという。ところが、オーストラリアのW・M・ヒューズ首相が、間近に迫った自国での総選挙に悪影響がでるのを恐れて、強く反対し、この条項が通れば自分は会議から脱退すると主張した。そのため、イギリス政府も反対に回った結果、ウィルソンも全会一致でないことを理由に不採択を宣言したという（牧野、下、二三〇～二三六頁）。

†新外交と旧外交の並存

結局、ヴェルサイユ条約は、一九一九年六月、約半年の交渉の末に調印された。ウィルソンの悲願であった国際連盟規約が承認されたことは新外交の勝利だったが、同時に、ドイツだけに戦争責任が課せられ、様々な軍備制限や賞金ではなく、賠償と名を変えて「天文学的な賠償金」がドイツに課されたのは、明らかに旧外交の継続であった。つまり、実際の講和条約は、ウィルソンが新外交を提唱したにもかかわらず、英仏日が旧外交にこだわったため、新外交と旧外交の並存という結果になった。

その上、米国議会では、加盟国に課した侵略阻止のための共同行動の義務に関する連盟規約一〇条が、米国憲法に明記された議会の宣戦布告権と抵触するとの批判が発生した。

それは、連盟の決定が米国議会の決議を拘束することを嫌う批判であった。また、山東問題で日本に譲歩したことも、中国で活動していたアメリカ人宣教師の影響が強い米国社会では不評であった。そうした結果、一九一九年一一月に米国の上院はヴェルサイユ条約の批准を否決した。共和党のロッジは連盟規約一〇条の義務は米国議会の承認なしには発動しないという留保条件つきの修正案をだしたが、病床にあったウィルソンは頑なに妥協を拒否し、米国の国際連盟加盟は不可能になった。

日本にとっては、山東や南洋諸島の旧ドイツ利権の継承が認められたものの、人種平等条項は否決されたし、山東利権の将来的な返還を約束させられたので不満が残った。

3　日本社会の反響

†国際連盟協会の発足

このようなヴェルサイユ講和に対する日本社会の反応は極めて対立的であった。大正デモクラシーの旗手、吉野作造は『六合雑誌』の一九一九年六〜七月号に「帝国主義から国際民主主義へ」という論考をよせ、「一九世紀の帝国主義的時代から、今や講和会議を経て新しい国際民主主義の時代に移る」、ウィルソンの「一四カ条と云うもの……は歴史上に於て非常に特筆大書すべき所の大事件」と書いた（吉野、六巻、三七、六〇頁）。

一九二〇（大正九）年四月には国際連盟の活動を民間レベルで支援する団体として国際連盟協会が発足した。初代会長には財界の大御所、渋沢栄一が、副会長には、第一次西園寺内閣の蔵相を務めた後、東京市長になった阪谷芳郎《さかたによしろう》と、大蔵次官を務めた後、東京帝大などで経済史などを講じた添田《そえだ》寿一《じゅいち》が就任した。理事には多くの学者や実業家が参加したし、原首相の働きかけで実業界から多くの寄付が寄せられ、一九二〇年から二三年の三年間だけで一六万円余の寄付が集まったという。会員も発足当初は六八三名だったが、一九二三年には一万余名に拡大した。学生会員は各大学別に組織されたし、婦人部も設置されたという（細谷ほか、一九七一年、三巻、三一二頁）。

図5　吉野作造

一九二五（大正一四）年になると、国際連盟協会には大日本平和協会が合流するが、この大日本平和協会は、日露戦争後の日本で日米関係に関心をもつ人々が一九〇六年四月に組織したもので、初代の会長は大隈重信であった。名誉評議員には新渡戸稲造が就任し、阪谷芳郎が副会長になった。この大日本平和協会は、国際連盟協会や軍備縮小同志会、国際教育協会、婦人平和協会、婦人矯風会、基督教青年同盟などと平和運動日本連盟を結成して、国際平和の重要性を訴える活動を展開した。なかでも、米国における日系移民排斥には胸を痛め、一九二〇年一二月にはカリフォルニア州議会に提出された外国人の農地所有を禁止する法律の撤回を要請する決議をおこない、米国の各方面にアピールした（細谷ほか、三巻、三〇八～三〇九頁）。

このように、国際連盟協会には、日米友好に関心がある実業家、元政府要人、知識人が幅広く参加し、日本における国際連盟の活動を支える役割を果たした。

†近衛文麿の「新外交」批判

ヴェルサイユ会議に随員として参加した若き近衛文麿は『日本及び日本人』の一九一八（大正七）年一二月一五日号に有名な「英米流の平和主義を排す」という論文を寄せた。「英米の平和主義は現状維持を便利とするものの唱ふる事勿れ主義にして何等正義人道と関係ないにもかかわらず、我国論者が彼等の宣言の美辞に酔うて平和即人道と心得、其国際的地位よりすれば寧ろドイツと同じく、現状の打破を唱ふべき筈の日本に居ながら、英米流の平和主義にかぶれ国際連盟を天来の福音の如く渇仰するの態度あるは、実に卑屈千万にして正義人道より見て蛇蝎視すべきものなり」と（近衛、一九三七年、二三七頁）。

ここで近衛が「英米流の平和主義」と言っているのはウィルソンの新外交を指していると思われるが、それに対する極めて強い感情的反発には驚くばかりである。彼によれば、国際連盟のような構想は、広大な国土をもつ米国や多数の植民地をもつ英国のような「持てるもの」の現状維持策であり、日本のような「持たざる国」にとっては正義でも何でもないということになる。この論考は、近衛がヴェルサイユ会議に参加する直前に書いたものだが、ウィルソンの新外交に対する極めて否定的な態度が日本で表明されたとして英米の新聞が注目し、英訳を掲載したという。

図6　近衛文麿

†講和会議参加後の近衛文麿の変化

近衛は、ヴェルサイユ会議に参加した後の一九一九（大正八）年六月に書いた「講和会議所感」ではウィルソン外交への評価を微妙に変え、こう書いている。

「講和会議地としての巴里に於て先ず感ずる事は力の支配てふ鉄則の今も厳然として其存在を保ち

つつある事是なり……国際連盟が人種平等案を排除してモンロー主義を採用したるの事実に至りては力の支配てふ原則の露骨なる表現と見るを得べし」、「ウィルソン氏が最初講和の基礎条件として掲げたる海洋の自由其他十四個條の原則は欧州政治家の現実的利害主義によりて甚しき蹂躙を蒙りたり……少くとも彼が主唱にかかる民族自決主義の如きは或程度迄講和会議の中心精神となり多年圧政に苦しみたりし幾多の弱小民族に新たなる希望と光明とを齎《もたら》したりし也、殊に不完全の譏《そしり》を免れずとは云へ国際連盟なるものが兎にも角にも実現の運を見るに至りしは一に彼が努力と熱誠との賜なりと云うを得べく余は此点丈にもウィルソンの名が永へに人類史上に光輝を放つべきものなりと断言するを憚らざる也……」(近衛、一九二〇年、四三～四九頁)。

つまり、近衛は、ヴェルサイユ講和会議に実際に参加して、「力の政治」が依然として国際社会の鉄則だと実感する一方、民族自決や国際連盟はウィルソンの功績だと認めたのであった。その意味で、講和会議後の近衛は、新外交の意味を部分的に認めつつも、基本は「力の政治」＝旧外交の継続が国際政治の特徴とみなしていたのであった。

†民族派の台頭と「新外交」批判

日清戦争後に民権論者から国権論者に転換し、『国民新聞』などを拠点として民族派の論陣をはっていた徳富蘇峰《とくとみそほう》は、『国民新聞』の一九二一（大正一〇）年一一月二三日号にこう書いた。

「元来大戦の前後に、世の中が一変したと云うが、間違いだ、大間違いだ。……大戦は偶然にも一千万人の人命と、四千億円の費用とを以て、世界における米国の覇権を贖い得たに過ぎぬではない乎。……世界改造と云ふも、そは表面丈の事だ。国際的の関係は、依然として弱肉強食だ。権利が力ではなく、力が権利だ。その適用は之を遠きに求むる迄もなく、日米の関係に就いて見ば、思半ばに過ぎるだろう。」（澤田、八五頁）。このように、徳富蘇峰は、第一次世界大戦前も後も国際政治は「弱肉強食」の「権力政治」が基本であることに変わりはないとして、ウィルソン外交の新しさを否定した。

この頃、民族派の団体の流れに大きな変化が起こった。それは、ロシア革命でツァーリズムが崩壊し、ドイツ革命で帝政が廃止され、共和国が誕生したことに危機感を抱き、伝統の擁護だけでは飽き足らず、国家の改造を主張する「行動派右翼」として再生しようとするグループが現れたからであった。日本の民族主義団体は、明治維新後、鹿鳴館に象徴される欧化熱（明治二〇年ごろ）に反発して、伝統文化の擁護を主張して発足していた。一八八一年の玄洋社、一九〇一年の黒龍会の発足などがその代表である。

しかし、第一次世界大戦下の戦時ブームで日本でも資本主義経済が急成長し、功利主義や個人主義が流行し、政党政治が主流になるにつれて、国家主義的な運動は低調になったという。他方で、労働争議が頻発し、社会主義政党の活動が目立つにつれて、それに対抗するため、一九一九年に原内閣の内相であった床次竹二郎《とこなみたけじろう》の斡旋で大日本国粋会が結成された。また、同じ年に大川周明や満川亀太郎《みつかわかめたろう》、北一輝により猶存社が結成されるが、この団体は、天皇制を中心として国家改造を志す行動派右翼を代表する組織となった。

この猶存社の指導者の一人である大川周明は、国際連盟について、「アングロ・サクソン世界制覇の現状を、永久に釘付けするための機関」であり、また、「世界戦争において失うところ最も少なく、得るところ最も多しと考えられたる日本を抑圧することをもって、第二の重大なる目的とした」（大川、二〇一九年、三二頁）と書いた。

つまり、大川周明は、国際連盟をもっぱら英米の「世界制覇」のための機関と捉え、戦争の反省に基づく、紛争の平和的な解決をめざす機関という側面は全く無視したのであった。

†北一輝のヴェルサイユ体制論

次に、北一輝は、辛亥革命が起こると、中国にわたり、『支那革命外史』を書いて中国革命の実態を日本に知らせた。また、一九一九（大正八）年六月には「ヴェルサイユ会議に対する最高判決」という文書を満川亀太郎あてに送っているが、その中で、講和会議での「第一の失敗者」はウィルソンだと断定した。その上で、「講和会議に於ける英米の連携――現時の支那に於ける英米提携の排日運動――を大きくする時は――英米同盟の日本叩き潰ぶしといふ元寇来の恐怖を推論することが出来ます。小生はパリと支那とに於ける米人の排日的行動に感情を刺戟せられて、而も此間に漁夫の利を占めつつある英国を忘れんとする日本の現状を見て深甚なる憂惧を抱く者です」（北、二〇〇五年、五四三頁）と主張した。

ここで、北が主張しているのは、ヴェルサイユ講和会議で英米は、中国の「排日運動」をけしかけて、「日本潰し」を図ったという認識である。しかし、中国の「排日運動」とは、講和会議の基本理念として「民族自決権」が提起されたのであるから、帝国主義時代に中国が奪われた様々な権益を回収しようとしたものであり、それを英米が支援した行為を「排日」と決めつけるのは世界史の新展開に眼をつむるものといわざるをえない。

†『日本改造法案大綱』の影響

また、北は、同じ一九一九年八月に『国家改造案原理大綱』を書いたが、公然とクーデタを唱道するその内容から発禁処分を受けた。しかし、一九二三（大正一二）年には改訂版を『日本改造法案大綱』として出版し、猶存社の指導理念になってゆく。しかも、猶存社や一九二一年に発足した社会教育研究所には多くの青年将校が出入りしたので、軍部に大きな影響力をもったという（今井・高橋、二三〜二五頁）。その後、この本は、一九三六年に皇道派青年将校が起こしたクーデタ未遂事件である二・二六事件の指導理念となったとされ、北一輝は処刑された。

この『日本改造法案大綱』では、私有財産を認めつつも、それに限度を設定し、それ以上は国家が接収するという形で、社会主義的な要素を取り入れていたが、同時に、クーデタにより、憲法を停止し、「天皇を奉じて速やかに国家改造の根基を完う」するとして、天皇中心主義を貫いていた。また、「直訳社会主義者流の巾幗《きんかく》（女性の髪飾りのこと）的平和論に安んずるを得べき。階級闘争による社会進化はあえてこれを否まず。しかも人類歴史ありて以来の民族競争国家競争に眼を蔽いて何のいわゆる科学的ぞ」と書いた（北、二〇一四年、七頁）。

つまり、北は、社会主義者の平和論を「女性的」として批判し、人類の歴史には民族闘争が貫徹していると主張した。また、教育改革として「英語を廃して国際語（エスペラント）を課し第二国語とす」と主張し、その根拠として英米流のデモクラシーをこう批判した。「英米人の持続せんとする国際的特権のために宣伝されつつある平和主義非軍国主義が、その特権を打破せんがために存する日本の軍備及び戦闘的精神に対する非難として輸入されつつある内容皆無の文化運動」（北、二〇一四年、七四～七七頁）と。

ここで、北は、英米流の平和主義を「英米の国際的特権」の維持のために宣伝され、「日本の軍備及び戦闘的精神」の非難に利用されていると反発している。こうした受け止め方は、近衛文麿の「英米流の平和主義を排す」と似た発想であり、ウィルソンの「新外交」を膨大な犠牲者を出した世界大戦の再発防止策とは見ずに、英米の特権維持策とみる見方がいかに根強いかをしめしている。つまり、すべての歴史を「民族競争」中心に見る民族主義的発想の特徴である。

†日米開戦論のベストセラー化

ヴェルサイユ講和会議において日本が山東問題で米国から厳しく批判されたり、日本が提案した人種平等条項が否決されたとの報道が流れると、日本国内では日米開戦を唱道する小説や研究書が出版され、よく売れる現象が発生した。中でも、樋口麗陽《ひぐちれいよう》が一九二〇年に刊行した『小説日米戦争未来記』では、移民問題と「シナ問題」の対立から二〇世紀末に日米が開戦に至るという筋書きを小説仕立てで書いていた。ここでの開戦原因はこう説明されていた。

「アメリカは敵を作り出さずにはいられない国で、デモクラシーの宣伝、正義・人道主義を看板として世界をあざむき、その実、アメリカ一流の資本による侵略、経済支配をもって世界を思うように操り、新興国・日本の鼻の先をへし折るか、抑え込んでアジア大陸の経済的利権を手に入れて、世界の資本的盟主、経済的専制君主となることを目的としているのだ。これはかつてのドイツ軍国主義以上に危険なものである」(佐藤優による現代語訳、五〇頁)。

この小説で想定されていた戦争の展開は、まずフィリピンとハワイ沖の海戦で幕を開けるが、米国の新兵器「空中魚雷」によって日本海軍が壊滅的敗北を喫し、日本の近海まで米国海軍が接近する。その際、中国やオーストラリアが対日参戦する他、メキシコが対米参戦する結果、世界は、米国に好意的なイギリス、フランスと日本に好意的なドイツ、ロシア、イタリア、ブラジルに二分され、第二次世界大戦の瀬戸際まで追い込まれる。しかし、日本では、ある博士によって「空中魚雷防御機」や「空中軍艦」が発明され、日本が息を吹き返す。また、「世界大戦の結果がどれほど悲惨なものになるかは、一九一四年に勃発した第一次世界大戦によって痛切に経験している」中立国の斡旋で講和が実現し、戦争が終結するという筋書きであった。

†日米開戦論登場の意味

樋口の日米開戦論では、登場する「空中魚雷」という新兵器は、「空中」と「魚雷」を結びつける形容矛盾になっているが、航空戦が戦況を決するとの予言として興味深い。また、メキシコの対米参戦などの設定は荒唐無稽だが、日本本土が焦土と化す危険とか、日系アメリカ人が収容されるといった予想は実際の日米戦争で再現されていて、驚きである。この樋口という人物は、一九一九年に『誰にも分かるマルクス資本論』という本を出しているので左派系の知識人であろう。また、一九二〇年にだした『日米問題裏面史』では日系移民差別やハワイ併合、フィリピン併合、山東問題などの日米対立の歴史過程を描いていた。

そこでは、米国を「拝金主義」とか「黄金主義」の国と批判していて、「小説」の方で「世界の資本的盟主」とする批判と符合している。つまり、当時の日本では、米国の「経済帝国主義」的側面を批判する論調が強かったわけであるが、それは米国による対中「門戸開放・機会均等」政策を日本の脅威と見た点と共通している。しかし、外国市場における経済的な自由競争の主張は、軍事力による領土拡大をめざす「古典的な帝国主義」とは性格を異にするのであり、なぜ、米国の経済進出を戦争に至るような脅威と見たのか、この点は当時の日本の民族派の米国認識の特徴として、慎重な検討を必要とする。また、フィクションとして書かれたにせよ、日米開戦を予言する本が一九二〇年という早い時点の日本でベストセラーになったことの意味も考える必要がある。それは、当時の多くの日本人にとっては、第一次世界大戦の体験が、二度と繰り返してはならない悲劇の体験としてより、戦勝で獲得した利権を奪われた悔しい体験として受け止められていたことを意味しているのだろう。

†日露戦後の米国における対日開戦論の登場

日本での対米戦をあおる出版物の登場は、米国のマスメディアでも紹介され、米国側の敵対意識を助長する効果をもった。米国での対日開戦論の登場は、日露戦争での日本の勝利を「アジア人種の脅威」と宣伝する「黄禍論」や日系移民排斥論とともに登場した。早くは、一九一一年に出版されたホーマー・リーの『無知の勇気』(邦訳題名は『日米必戦論』)で、日本でも一九一三年に翻訳され、二四版にも達したので、かなりの注目を集めた。この本では、上編で、愛国心や国家の起源、領土と戦争など理論的な検討を加えた上で、下編で、日米戦争の可能性を検討している。日本にとって太平洋での覇権を争う国は米国以外になく、開戦時に日本は、まずフィリピン、サモア、ハワイ、アラスカを攻撃すると予想した。その上で、日本軍は米国の西海岸を攻撃するが、米国社会には「軍事を蔑視する」（八八頁）風潮があるため、米軍の防衛力が不足する中、南カリフォルニアが日本軍に占領され、最後にサンフランシスコが占領され、西海岸は日本の支配下に置かれるとの展開が予想されていた。

このような展開予想に示されるように、ホーマー・リーの予想では、日米戦争は、日本軍による米国領土の攻撃で進行する。つまり、米国側は防衛戦争を余儀なくされるが、米国社会では「軍事を蔑視」しているので、防衛軍の不足から日本軍による西海岸の占領を許してしまうと警告しているのであり、米軍が日本領に侵攻する筋書きではなかった。その意図は、日露戦後の日本の台頭に警鐘を鳴らして、米国の防衛力強化を訴えるものであったが、日本で翻訳される際には、『日米必戦論』と改題され、米国側の侵略性のイメージが強調されていた。

†第一次世界大戦後の米国における日米開戦論

第一次世界大戦末期には日米はともに連合国を構成したので、一時、日米開戦本は下火になったが、ヴェルサイユ講和会議で米国が日本に山東返還を迫ったことに対する反発から一九二〇～二一年に日米間で「ウォー・スケア」が再発する。麻田貞雄によると、米国での「ウォー・スケア」は、パリ講和後の一九二〇〜二一年と、日系移民排斥の移民法が一九二四年に通った後の一九二四〜二五年の二度みられたという。特に、三四〇万部もの発行部数を誇るハースト系の新聞が、発行部数の増加も狙って、好んでそうしたキャンペーンをはったが、知識層向けの雑誌『リテラリー・ダイジェスト』では「ウォー・スケア」を「妄想的な争点をヒステリックにかき立てている」と、たしなめる論調もみられた（麻田、三三八〜三三九頁）。また、開戦論を批判する著作も出版された。コロンビア大学教授のウォルター・B・ピトキンの『日本と戦はん乎？』（一九二一年）がその典型であるが、邦訳の訳者は、その直前に『日米若し戦はば』という本を出した陸軍中将の佐藤鋼次郎であった。しかも、佐藤は、ピトキンの本論の中に自分のコメントを「論評」という形で挿入しており、異例の訳書となったので、日米開戦をめぐる日米間の議論の対比に役立つ本となった。

ピトキンは、第一章で米国における排日論の実態を分析したが、その冒頭で「世界には戦争という戦争が、既に充分あった」と第一次世界大戦直後らしい指摘をした上で、「日本と米国とは戦ふべく餘りに遠過ぎる」と指摘した（二頁）。また、第二章で日本の実態を、政体、軍隊と世論、人口過剰、労賃と不当利得などの面で分析した上で、「日米開戦の大障碍」として、日米開戦なら、日本の軍国主義は最期となると予言した。また、中国の経済開発を日米英の協力で推進することで世界平和を維持するように訴えたり、日系移民排斥問題は戦争では解決しないと主張した。「戦争は何時まで防止できる」の節では、日本は綿花や鉄鋼の輸入を米国に依存しており、朝鮮や中国で代替資源の開発に努力し、米国依存からの脱却を目指しているが、一九三〇年ごろまでは脱却できないと予想した。

このようにピトキンの著作は、日米開戦の制約条件を冷静に指摘するものであったが、訳者の佐藤は、日米開戦は避けるべきという結論ではピトキンに同意したが、同時に、「我帝国の大陸政策を阻害すべき恐ある、米国の政策には頑として反抗すべき」（三四三頁）と留保をつけていた。

4　日米両軍による戦争計画の実相

†米軍の対日戦争計画

日本では、米国側も早くから対日戦の検討を始めていた点を指摘して、米国の「好戦性」の証拠とみなす主張がある。とくに、日露戦争後に立案が始まった対日戦を想定した「オレンジ・プラン」が実際の日米戦争の展開をかなり正確に予言していたところから、米軍は着々と対日戦を準備していたとみなす主張がでている。しかし、この「オレンジ・プラン」とはどのような性格のものだったのだろうか。

米国の軍隊は、第二次世界大戦以前は海軍と陸軍の二本立てで、大統領が両軍の最高司令官として調整する仕組みになっていた。また、文民統制の原則が憲法に明記されている関係から、大統領や陸海軍長官は民間人でなければならなかったし、宣戦布告権は議会に与えられていた。しかも、建国以来、米国は北米大陸内で先住民を駆逐したり、メキシコとの戦争で領土を拡大してきたので、米軍の中心は長く陸軍にあった。しかし、一八九八年に勃発した米西戦争に勝利して、フィリピンやグアムを獲得した上、ハワイの併合が米国議会で承認されたため、米国は一躍「太平洋国家」となり、陸海軍間の調整が必要になった。その結果、一九〇三年には大統領や陸海軍長官の諮問機関として陸海統合会議が設置された（ミラー、一八頁）。

対日戦の紙上計画は、日露戦争後にセオドア・ローズヴェルト大統領の指示で始まったが、防衛体制の整備が進むにつれて、彼はこの紙上検討に興味を失ったという。また、ウィルソン大統領の時代になると、一九一三年に戦争計画官の任務を縮小したが、彼らは対欧戦の立案に重点を移すことで生き残りを果たした。さらに、一九二〇年代の三人の大統領は、共和党所属だけに、財政均衡の実現のための軍縮に関心があり、戦争計画にはあまり関心を示さなかったという。また、一九三〇年代のフランクリン・ローズヴェルト大統領は、大恐慌からの国内復興に第一の関心があり、戦争計画はヨーロッパで戦争が始る一九三九年まではあまり関心がなかったという（ミラー、一四～一五頁）。

†「オレンジ・プラン」の特徴

つまり、米国政府による対日戦争計画は、一九三九年まではあまり政治家の関心を呼ばず、軍人の机上プランとして検討が進められたのであった。その際、仮想敵国の違いによって、色分けがされ、対日プランはオレンジ色が使われたため、「オレンジ・プラン」と呼ばれたのであった。オレンジ・プランは、一九一九年にほぼ原形が固まり、一九二四年に陸海軍長官が署名し、正式な計画として承認されたが、その後も情勢の変化に応じて改定が繰り返され、二〇種類くらいが蓄積された。最終的には一九四〇年末に「レインボー・プラン」と改称され、実際の対日戦作戦に応用されていったという（ミラー、五、一八頁）。

このレインボー・プランになる直前の時点の計画は、三段階の戦闘が想定されており、第一段階では、日本がアジアの石油や重工業原料を確保するため、フィリピンや中部太平洋を占領する、第二段階では、米軍が西進し、中部太平洋の島々を奪還、二～三年後にはフィリピンも奪還して、日本の補給路を切断、第三段階では、米軍が沖縄を占領、日本本土の空襲によって日本は降伏すると想定されていた（ミラー、八頁）。

このように米軍は、日露戦争後から対日戦の机上プランを検討し始めていたが、一九三九年の欧州戦争勃発までは、文民である大統領や陸海軍長官があまりこのオレンジ・プランを重視しなかったので、米国の政策決定への影響は限られていた。

†一九〇七年の帝国国防方針

日露戦争後の日本は、一九〇七（明治四〇）年に帝国国防方針を定めているが、これは陸海軍の統帥部が協議して作成した原案を天皇が裁可したもので、政府が全く関与せずに決定されるものであった。それは、明治憲法体制下では軍隊は天皇に直属し、予算面を除き、政府や議会の統制をうけない、つまり、軍隊に対する文民統制の欠如という構造的な欠陥の影響によるものであった。しかも、軍部の中では、陸軍と海軍の対抗意識が強く、両者の主張を調整するのも困難であった。

当時、陸軍は、日露戦争で敗北したロシアによる報復を恐れて、ロシアを引き続き第一の仮想敵国とする北進論を主張したのに対し、海軍は、米英仏との対立が予想される南進論を主張していた。それぞれ自分の組織の維持拡大も意図していた。しかも、この正反対の目標が次のように国防の最高方針に並記されることになった。

「国権を振張し国利民福を増進せんと欲せば、世界の多方面に向て経営せざる可からずと雖《いえども》、就中《なかんずく》明治三十七八年戦役（日露戦争）に於て、幾万の生霊及巨万の財貨を擲《なげう》て、満州及韓国に扶植した利権と、亜細亜《アジア》の南方竝《ならびに》太平洋の彼岸に皇張しつつある民力の発展とを擁護するは勿論、益々之《これ》を拡張するを以て帝国施政の大方針と為ざるべからず」（黒野、三〇頁）。

一方、同じ年の九月に政府は「対外政策方針」を決めているが、ここでは、米中への商業的発展やアジアへの移民を重視し、日英同盟を引き続き基軸として、英国との関係からむしろドイツを敵性国家としていた。米国に関しては、対立する可能性を認めつつも、政治・商業上から親交を深める必要性が指摘されていた（黒野、三六頁）。

このように政府の政略と軍部の戦略は統一されておらず、二重外交という特徴が発生していたのであり、ここに第二次世界大戦前の日本における根本的な欠陥が露呈していた。

†一九一八年の国防方針改定

第一次世界大戦への参戦で日本を取り巻く国際環境が一変したため、帝国国防方針の改定が必要となり、一九一八（大正七）年六月に改定した。この正文は残されていないようだが、ここでは、第一次世界大戦が長期に及ぶ総力戦として戦われたため、その点の考慮が必要となった。その結果、陸海軍ともに、資源の乏しい日本が長期にわたる総力戦を戦うには、中国の資源を含めた「日支自給自足体制」の構築が必要と認識された。また、国防の対象地域も、満州、蒙古、南方アジアに加えて、中国本土も組み入れられた。

しかし、この方針を実現するには大規模な軍拡が必要になり、陸海軍間で予算の取り合いが発生した。そこで、原首相の了解を得て、高橋是清蔵相と田中義一陸相、加藤海相の間で協議が行われ、海軍の軍拡を優先し、海軍の拡張計画が終了する一九二七年以降に陸軍の拡張を図る点で合意した。ここで田中が発揮した謙譲の精神は高く評価され、田中が後に政友会総裁となり、首相になる伏線になったという。

他方、この年の国防方針の議論では、総力戦時代への対応が問題になり、かえって資源が乏しく、重工業化に後れをとっている日本の脆弱性が問題になったが、従来通り、大規模な常備軍を維持して短期決戦で勝利をめざす意見もあり、問題の決着は先送りされた。

このように、日本の場合は、政府と軍部の国防方針が統一されないばかりか、文民統制が制度的に保証されていなかったため、政府の方針とは異なる国防方針が独り歩きする恐れがあった。一九三〇年代に顕著となる軍部の暴走の種はすでに胚胎していたのである。

†関東都督府の改組

日露戦争での勝利により旅順や大連を含む関東州を租借地として獲得した日本は、一九〇六(明治三九)年から関東都督府を設置し、関東州の管轄や在満兵力の統制、南満州鉄道の保護などを担当させたが、都督には陸軍大将または中将が就任することになった。その結果、満州に置かれた領事館も陸軍軍人の命に服することになったため、外務省は不満をもつようになり、一九一八年一二月に関東都督府の改組案を提案し、原内閣の下で実現した。この改組案では、関東州の行政を担当する関東庁が設置され、そのトップは文官が任命されることになり、軍事組織として関東軍が設置され、関東都督府は二分されることになった。

この改組によって、領事館は関東庁長官の下に置かれ、陸軍による外交の統制から免れることになったので、外務省としてはプラスであった。しかし、都督府時代には、外務大臣が都督府を管轄することによって内閣の統制が都督府に及んでいたが、改組後には、関東軍司令官は陸軍参謀本部に直結するようになり、内閣の統制から独立することになった。後日、満州事変のような、関東軍の独走を生む制度的な要因がこの改組にあった(藤原・後藤、八九〜九〇頁)。

第二章

ワシントン会議と日本

ワシントン会議

1　米国における共和党政権の誕生とワシントン会議の提起

†ヴェルサイユ条約否決の衝撃

一九一九年一一月、米国の上院はヴェルサイユ条約の批准を否決した。上院外交委員会の委員長、ヘンリー・カボット・ロッジは、国際連盟規約第一〇条による制裁措置への米国の参加を、米国議会の「立法ないし合同決議」があった場合にのみ行うとの修正案を提案したが、ウィルソンが修正を拒否したため、条約の批准は不可能になった。

翌一九二〇年の大統領選挙で「正常への復帰」を主張して当選した共和党のウォーレン・ハーディングは、就任式の演説で、旧世界の問題への不関与とともに、戦争防止のための国際協調の必要性を訴えた（グリスウォルド、二八一頁）。その結果、重視されたのが、財政負担を軽減するための軍備縮小と国際法の強化による戦争防止であった。

†戦争違法化運動の始まり

米国では、ヨーロッパで第一次世界大戦が勃発し、米国が参戦する懸念が高まる中で、一九一五年に前大統領のタフトを会長として、「平和強制連盟」が発足し、戦後に平和のための国際機関の創設が提唱されていた。それだけにこの動きを推進した人々にとっては、議会が国際連盟への加盟を拒否したことは衝撃であった。そこで、民間レベルで国際連盟協会を設立し、国際連盟の意義を啓蒙する活動に従事した。なかでも、その代表となったジェームズ・ショットウェルは、侵略戦争を違法化する運動を展開していった。他方、シカゴの弁護士、サーモン・レヴィンソンの場合は、「あらゆる戦争の違法化」をめざす戦争違法化委員会を一九二一年に発足させた（三牧、八五、一二〇、一三四〜五頁）。

つまり、一九二〇年代の米国には、二種類の戦争違法化運動が始まっていたわけだが、議会では上院議員のウィリアム・ボラーが協力者となり、一九二三年から二七年の間に四回も戦争違法化を求める決議案が提案されることになった。この動きが一九二八年にケロッグ・ブリアン条約（不戦条約）に結実するのである（三牧、一二一頁）。

†ワシントン会議の提案

このように、共和党政権は、軍縮と国際法の強化による戦争防止などに重点をおいた外交政策を展開してゆくが、国務長官に就任したチャールズ・ヒューズは、極東においては、山東問題で悪化した日米関係の修復とともに、海軍の軍縮、中国における門戸開放政策の国際的承認、日英同盟の解消などを協議する国際会議の開催が必要と考えた。

そこで、ハーディング大統領は、一九二一年七月から九月にかけて、日、英、仏、伊、中、ベルギー、オランダ、ポルトガルの各国に対して、国際会議の開催を提案した。日本では、「二一カ条要求」や山東問題との関連で、警戒する雰囲気があったが、外交官出身の原敬首相は、第一次世界大戦後の世界では対米協調が重要と考え、参加を主導した。その結果、七月二二日に原敬内閣は閣議で、領土の相互尊重や門戸開放・機会均等などの一般原則の討議には賛成するが、山東問題など二国間に関わる既得利権の検討は除外するように要求することを決定した。他方、中国側は、ヴェルサイユ会議で日本が山東半島の利権を将来的に返還することが合意されていたが、その具体的な方策については日本との二国間交渉でなく、米国も入れた国際交渉で扱うことを希望したため、議題をめぐる対立が予想された（服部、二〇〇一年、九二頁）。

†日本のワシントン会議にむけた準備

日本の外務省では、ワシントン会議を「新外交」への政策転換の好機とみる意見が台頭し、一九二一（大正一〇）年七月一六日の「根本方針」では次のように述べられていた。「この機会を逆用し、二重外交、軍人政治、軍閥外交のような旧来の誤謬をただし、わが対外国策及び国際的立場に新生面を啓く」（麻田、一一三頁、現代語表記は引用者）と。また、従来の日本外交の欠陥として次の点が反省材料として挙げられていた。例えば、機会均等・門戸開放主義の不徹底、シベリア撤兵の渋滞、条約上の根拠のない軍隊の派兵、領土的ないし排他的独立的行動の持続などを挙げ、これらの行動は、米国だけでなく、世界の日本に対する猜疑反感の主題になっていると指摘した。

また、ワシントン会議の前夜に幣原喜重郎駐米大使はヒューズに「我国は支那に於いて独占権を主張する必要はない。……日本の支那に於ける経済的発達が、もし優先権や独占権のおかげならば、それは温室育ちの植木と同じで駄目である。私は日本の商業は、そんなに弱いものであるとは信じない。従って外部的の擁護はいらない。公明正大な立場で正々堂々と取組んで充分だ」と語ったという（麻田、一一四頁）。

つまり、日本の外交官の中には、ワシントン会議を機に日本の外交を門戸開放の方向に転換しようと考えていた部分があった。しかし、軍部や政治家には、ワシントン会議で日本の満蒙における特殊利益が否定されるのではないか、という反発もあった。そこで、九月末には、ハーディング大統領が、新任のフィリピン総督となったレナード・ウッドを大統領の特使として日本に送り、「日本が過去の戦争の結果獲得した東洋における地位は尊重する」意向を表明して、ワシントン会議への参加を促した（麻田、一一五頁）。それほど、ハーディング政権としてはワシントン会議の成功を重視していた。

2　ワシントン会議での対立と合意

†海軍軍縮問題

結局、原内閣は、ワシントン会議への参加を決定し、首席全権には加藤友三郎海相が任命され、幣原喜重郎駐米大使、徳川家達《いえさと》貴族院議長などが全権として派遣されることになった。

しかし、一一月一二日の開会直前、原首相が東京駅で暴漢に襲われ、死去したので、日本は強力な司令塔を失うことになった。

山東問題と並んで、日米の大きな争点となることが予想された問題に、シベリア撤兵問題があった。ワシントン会議が開会した時点で、日本軍はなおウラジオストク、沿海州、北樺太に駐留していたが、幣原はヒューズに対して早期撤兵を表明したので、会議での争点とはならなかった。実際、日本軍はシベリアから一九二二年一〇月に撤兵した（麻田、一三四頁）。

図7　ワシントン会議の様子

開会冒頭、ヒューズ国務長官は、海軍軍縮の重要性を訴え、予想に反して、最初から米英日の主力艦の保有比率を一〇：一〇：六とするように提案した。公開外交時代の幕開けを象徴する展開であった。なぜなら、軍縮提案は、各国国民の税負担の軽減につながるので、ヒューズ提案は、米国だけでなく、関係国の世論から歓迎され、反対しにくい雰囲気が醸成された。日本側は、対米七割の保持を目標としていたが、首席全権の加藤海相は、「これに反対すれば、日本はひどい目にあう」と判断し、原則的な賛成を表明した（麻田、一二七頁）。

日本の海軍では、一九〇七年の帝国国防方針で戦艦八隻、巡洋艦八隻からなる「八八艦隊」構想を原則とし、「対米七割」の死守を方針としていただけに、対米六割になるヒューズ提案は不満であり、随員の加藤寛治海軍中将は強力に受諾反対を主張した。その結果、加藤友三郎全権は、太平洋に領土をもつ列強はそこに存在する要塞や海軍基地の現状維持を厳守する条件を逆提案し、米国がそれをのんだことで、海軍軍縮をめぐる五カ国条約が成立した（ニッシュ、五五〜五六頁）。米英日仏伊の主力艦保有の比率は、一〇：一〇：六：三・三四：三・三四となった。

†日英同盟の解消

日英同盟は、一九一一（明治四四）年に第三回の更新が図られた時に、一〇年の期限がついたので、一九二一年に期限を迎えたが、英国はさらに一年の延長を決めていた。米国は、日英同盟が存続すると、日英の海軍を合計した戦力に対抗し得る海軍軍拡を強いられるので、その回避のために日英同盟の解消を願った。また、中国に対する門戸開放政策の実現をめざす際に、日本の特殊権益追及と衝突することが多かったが、その際、英国が、日英同盟を理由に日本を支持してきたことに反発したことも、日英同盟の解消を要求した理由であった（グリスウォルド、二八五頁）。

日本では、日英同盟の継続論が強かったが、英国側では、英帝国諸国を構成するカナダが、米国との関係を重視して、強く継続に反対していたので、英国全権のアーサー・J・

バルフォアは、米国を入れた三国同盟案を提案した。しかし、米国は、「旧外交」を象徴する軍事同盟の性格を残したものへの参加は拒否したので、幣原は、軍事同盟の性格を除き、日本の「特殊利益の擁護」を明記した「協議条約」への組み換えを提案したが、これも米国が拒否した（麻田、一三五頁）。

結局、最終的な条約は、フランスも入れて、太平洋の現状維持を保障する「太平洋に関する四国条約」となった。日本側は、一九〇二年以来、日本外交の基軸となってきた日英同盟の解消に合意したわけだが、それは、第一次世界大戦後に大国として急成長した米国との協調を重視した結果だった。しかし、日英同盟の解消が、勢力圏的発想や軍事力による領土や市場の拡大を当然視する「旧外交」からの転換につながったかどうかは疑問であった。

†中国における門戸開放原則と既得権益

米国は、一九世紀末に中国に対する門戸開放・機会均等政策を表明して以来、それを国際条約として承認させることを悲願としてきたが、ワシントン会議はその絶好の機会となった。中国側の全権、施肇基が提出した一〇原則にもこの原則が盛り込まれていた。つまり、①中国の領土保全、②門戸開放と機会均等、③中国に無断で中国関係条約を締結はで

図8　エリュー・ルート

きず、④中国で保有する各国の特殊権益でその根拠が非公開のものは無効、⑤中国の行動の自由を制限する政治・司法・行政上の制限の速やかな撤廃、などであった（服部、二〇〇一年、九四〜九五頁）。

この中国案には日本の反発が予想されたので、米国全権のエリュー・ルートは別途、協議の原則として、四項目を提案した。ルートは、マッキンレー政権の国務長官であったジョン・ヘイが門戸開放通牒を発したときの陸軍長官であっただけに、門戸開放原則については熟知していた。その四原則とは、①中国における主権の独立と領土的行政的保全、②安定政権の樹立、③機会均等主義、④友好国の権利や安全保障を害する行為の自重、であった。

この四原則に関して、加藤全権が①の原則が各国の既得権に及ぼす影響を懸念する質問をしたのに対して、ルートは中国がすでに付与した特権はこの会議の決議の影響は受けないと回答した。また、バルフォアが不平等条約の改正要求との関連を懸念したのに対して、中国の顧維鈞は、会議の決定として不平等条約の即時改正を求めるものではないと発言した（服部、二〇〇一年、九六頁）。

このような限定付きで、ルート四原則を審議の土台とすることが了承された。ただし、ヒューズはこのルート四原則に不満を持ち、既得権益に関しても門戸開放原則に照らして調査することができる「諮議会」の設置を提案したが、幣原は、既得権益をも審議の対象とすることに異議を申し立て、英仏伊の代表も同意したので、この「諮議会」案は実効性を持たなかったという（服部、二〇〇一年、九七〜九八頁）。

結局、九カ国条約の三条に中国における門戸開放・機会均等原則が盛り込まれ、ここにこの原則は米国政府の一方的な要求ではなく、調印国の条約上の義務となった。しかし、調印国の間では既得権益には適用しないとの理解が成立していたが、当時の中国には統一政府は存在しておらず、この条約に調印した北京政府以外がこの条約を受容するかどうかは別問題であった。事実、国民政府が中心になって展開した国権回復運動は既得権益をも回収対象としてゆくことになる。

†山東問題の処理

山東問題について、日本側は日中の二国間交渉の議題と主張し、ワシントン会議での議題とすることを拒否していた。他方、中国側は、あくまで会議の議題とすることに固執したので、交渉は膠着状態に陥った。その結果、米英の仲介で、会議中に二国間交渉を行い、英米代表がオブザーバーとして参加する妥協案が成立した。交渉の最大の争点となったのは、山東鉄道の利権の扱いであったが、米国のジョン・マクマリー国務省極東部長と英国のマイルス・ランプソン前駐中国公使が妥協案を提示して調停した結果、一五年賦の国庫証券で山東鉄道の財産を日本に償却し、その償還期間中は運輸主任と会計主任に日本人を任用すること、鉱山経営は日中合弁とするという案であった（服部、二〇〇一年、一〇〇～一〇一頁）。

この合意が成立したことで、日本は、一九二二（大正一一）年二月に山東返還条約に調印し、大部分の山東利権を返還した。ただし、山東には紡績業など多くの日本企業が残ったので、国民党軍の北伐が始まると、それらの居留民の安全を目的に、田中義一内閣が出兵することになる。

†対華二一カ条要求関連条約をめぐる対立

中国側は、山東問題に限らず、列強が中国から獲得した租借地全体の返還をワシントン会議で要求した。一九二一年一二月の会合で顧維鈞が発言したもので、日本側は、ルート四原則にある中国の領土保全は、既得権益には適用されないとして、検討を拒否し、南満東蒙条約で関東州の租借権は九九年延長されたと主張した。それに対し、中国側は、この条約は最後通牒を突き付けられて強制されたもので無効だと反論したが、英仏はそれぞれ威海衛や広州湾の返還には応じたが、満蒙に関しては日本側の主張に同情的であった。中国側は、日本が二一カ条要求を中国側に押し付けた折に、その不承認を表明したブライアン・ノートを引用して、米国側の理解を得ようとしたが、ワシントン会議のスムースな運営には日本の協力が不可欠と考えたヒューズは、ブライアン・ノートの趣旨は九カ国条約に反映されているとして、中国の要求を取り上げなかった（服部、二〇〇一年、一〇三～一〇四頁）。

このように中国が奪われていた既得権益に関する返還のめどがワシントン会議で図られなかったのは、中国にとって大きな不満であり、以後、中国側は国権回復運動でその実現をめざしてゆく。ただし、日本政府側にもワシントン会議を準備する過程で、満蒙の特殊利権の返還を主張する議論があった。それは、原内閣の蔵相であった高橋是清が一九二〇（大正九）年九月に提出した「内外国策私見」で述べたもので、満蒙の特殊の事情に固執せず、中国内地の開発に努めることを力説し、参謀本部や軍令部の廃止まで提案する大胆なものであった。また、一九二一年五月の「東亜経済力樹立ニ関スル意見」では、中国駐屯軍の撤兵や山東・満蒙の政策改善によって対中提携を進めるように提案していた（服部、二〇〇一年、六六～六七頁）。

つまり、日本政府内にも、満蒙の「特殊権益」よりも、中国本土への経済進出を重視して、軍事力で一部利権を守る「旧外交」的なやり方の転換を主張するものがいたのであった。しかし、原首相は、高橋是清のこの提案を「書生論」として一蹴したというから、ワシントン会議の時点の日本政府はなお「旧外交」的発想に拘束されていたといえるだろう。

3 米国はなぜ「門戸開放」にこだわったのか

†門戸開放政策の英国起源

一八九四～九五年に勃発した日清戦争で「眠れる獅子」といわれた清が敗北したことは世界に大きな衝撃を与え、列強はこぞって中国の分割競争に狂奔し始めた。日清戦争で勝利した日本が遼東半島の領有をめざすと、ロシアは、ドイツやフランスとともに、三国干渉をして、日本に遼東半島を返還させた。その上で、一八九八年三月にはロシアが遼東半島の租借に成功した。このような中国分割の激化に危機感を抱いたのは、すでに中国に多くの利権を保有していた英国であり、一八九八年一月にバルフォア外相代理は、マンチェスターで演説し、イギリスの利害は通商上のもので、領土上のものではないとし、清帝国の解体を招く領土分割には反対を表明し、諸国民に対して通商上の機会均等を擁護することこそ、英国の政策だと主張した。また、同年二月には、チェンバレン植民地相の提案に基づき英国政府は、米国に対して、租借や領土獲得のような門戸開放を阻害する行為に共同で抗議するように提案した（高橋、六四～六五頁）。

†米西戦争と「反帝国主義論争」

米国では、一八六〇年代前半に南北戦争が勃発し、国内問題に追われていたため、東アジア進出に後れをとっていたが、一八七〇年代ごろから急速な重工業化に成功し、一八九〇年代には世界第一の鉄鋼生産国になった。その上、一八九八年にキューバの独立をめぐって勃発したスペインとの戦争で勝利し、フィリピンやグアムを獲得し、同じころ、ハワイを併合したため、米国は文字通り「太平洋国家」となり、中国市場への進出が容易になった。その際、経済的な優位を活かした海外市場進出の形態をして門戸開放政策が選択された。

それに加えて、米国は、元来、英国の植民地支配に抗して独立した経緯から国内に反植民地主義的な気風が強く存在した、また、植民地を獲得すると、植民地住民と本国民との間に権利上の格差が発生するので、市民の平等を旨とする共和主義に反するという反対論もあった。さらに、フィリピン領有によって安い労働力が本国に流入し、本国労働者の地位を低下させるといった反対論も根強く存在し、米国国内で植民地領有に反対する「反帝国主義」論争が活発化した。しかも、共和党のマッキンレー政権が米西戦争を推進したため、主として民主党が海外植民地の領有に反対して、一九〇〇年の大統領選挙の中心的な争点になっていった。

そのため、マッキンレー大統領は、一八九八年九月にホワイトハウスで開いたスペインとの講和交渉団との会合でこう語った。「我が国のフィリピン領有は、門戸開放を維持するための商業的な機会を提供するもの」であり、「帝国主義や排外主義への雄叫びの第一歩ではなく、単に、重要な装置による商業的膨張に限定されている」と講和交渉団に説明したという（McCormick, p.122）。

このように米国では、海外植民地の領有には国内で強い抵抗があったため、フィリピンのような海外植民地の領有は米西戦争を最後に行われなくなった。むしろ、「門戸開放政策」が米国外交の基軸となっていった。ただし、フィリピンが一九四六年に独立した時に、米軍基地が残留したように、門戸開放政策は純粋な「経済膨張策」ではなく、海外基地保有による政治的影響力の維持とセットになることもあった。

†二種類の門戸開放政策

一八九九年九月、ジョン・ヘイ国務長官は、英独露の駐米大使に対して、中国市場における商業上の門戸開放を要求する通牒を発した。その後、伊日仏にも渡し、六カ国から同意を得たと発表した。この通牒は、中国における各国の勢力圏を前提にして、そこにおける門戸開放を要求するもので、勢力圏自体を否定するものではなかった。しかし、一九〇〇年に義和団事件が発生し、ロシアと日本が義和団を平定するために派兵すると、同年七月、ヘイは第二次の通牒を発し、そこでは、中国の商業上の機会均等だけでなく、領土的行政的保全の尊重も提唱した（高橋、六八〜六九頁）。

つまり、門戸開放通牒には二種類の宣言があり、商業上の門戸開放・機会均等だけを要求するものと領土保全も要求するものとの二種であった。後者のものは、中国の領土保全を要求したので、列強による勢力圏分割を、原理的には否定するものであった。ワシントン条約で承認されたのは、この後者のタイプであったので、中国側としては、帝国主義時代に奪われた様々な利権を回収する道義的な根拠が与えられたと喜んだのも当然であった。

†門戸開放政策と満州

南北戦争などの国内対立の処理に追われた関係で、遅れて中国に進出した米国にとって、中国本土の多くの利権は西欧列強にとられていたため、米国の関心は満州に集中する傾向があった。しかし、満州には日露戦争以来、日本が鉄道などの権益を獲得していたので、米国の門戸開放政策は、満州における日本の権益と対立することになった。

例えば、日露戦争後のポーツマス条約で日本は、関東州と南満州鉄道の利権を獲得したが、その頃、米国の鉄道王、ハリマンは桂太郎首相に働きかけ、南満州鉄道の共同管理案で合意した。日露戦争で経済的に疲弊した日本としては満州開発に米国資本を活用したかったのであったが、ポーツマス条約の調印を終えて帰国した小村寿太郎外相が猛反対し、この案が流れたことがあった（筒井、二〇一五年、一四頁）。

また、一九〇六年には中国に進出していた米系企業関係者からはエリュー・ルート国務長官に対して、日本が満州の門戸を「閉鎖」しているとの不満が殺到するようになった。具体的には、日本人以外の外国人の旅行の規制、差別的な関税政策、日本製品を優遇する鉄道運営などであった（澤田、四六～四七頁）。

†ドル外交と中国

また、一九〇九年一〇月、ロシアが東清鉄道の経営不振から売却の意向があるとの情報をえた、タフト政権の国務長官ノックスは、清国に東清鉄道と満鉄を買収させるという満州鉄道中立化計画を提案し、米国資本の参入の可能性を追求しようとした。しかし、日露両国は、これを拒否し、むしろ満州の現状維持を確認する第二次日露協商を一〇年七月に調印した（北岡、二〇一五年、八八頁）。

タフト政権は「ドル外交」で知られるように、英独仏と国際借款団を組織して、中国の鉄道建設を促進しようとしたが、満州では日露の勢力圏分割外交で進出を阻まれた形となった。このような優越する資本力をバックにした中国進出の試みは、一九一三年には六国借款団構想として発現したが、米国資本や他の列強の消極的態度によって挫折した。

つまり、米国の対中政策は、門戸開放という理想を掲げながらも、現実には、他の列強の抵抗や米系企業の消極性から、この理想が実現できないというディレンマに直面していたのである。この問題点に関して、セオドア・ローズヴェルト前大統領は、タフト新大統領に送った手紙で次のように語っていた。

「満洲に関し、若し日本が我国と対立する道を選ぶとすれば、我々は日本と戦争をする覚悟をしなければそれを阻止できない。満洲に関する戦争で勝利を得ようとすれば、英国に等しい大艦隊と、ドイツに等しい大陸軍とを必要とする。中国における門戸開放政策は、一般的な外交的協定によって維持される限りに於て、優れたことであり、将来もまた正しいことであるべきを希望するが、ロシアや日本の勢力下にある満洲の歴史のすべてが証明するように、強力な国家がこれを無視するとなれば、事実として、たちどころに意味を失ってしまい、その目的に反して戦争を惹起する危険を有するのである。」(グリスウォルド、一四三頁)。つまり、米国の政権担当者にとって、満州は門戸開放政策の実施が拒否される「旧外交」の拠点として意識されていたのであった。

†米国による「勢力圏分割」外交

米国が一九世紀末から門戸開放を要求し始めたからといって、旧外交に象徴される「勢力圏分割協定」と無縁だったとはいえない。そもそも米西戦争でフィリピンやグアム、プエルトリコを領有したのは典型的な「旧外交」であった。また、旧外交の中には、権力政治や軍事同盟、勢力圏分割などの手法が含まれるが、二〇世紀後半に入り、軍事力による領土拡張が原理的に否定されるようになっても、複数の主権国家同士が対抗しあう国際政治においては、引き続き権力政治や軍事同盟は存続した。それ故、米国が新外交を提唱するようになっても、権力政治や軍事同盟をめざす行動様式は継続したので、一九二〇年代の米国の外交行動を見るときにも、そのような複眼的な見方が必要になる。

例えば、日露戦争で日本が勝利した直後の一九〇五（明治三八）年七月、桂首相兼外相と米国特使のタフト陸軍長官の間で、桂・タフト覚書という秘密協定が結ばれたが、ここでは、日本の朝鮮における優位と米国のフィリピンにおける優位が相互承認された。明らかに勢力圏分割協定であった。また、一九〇八年一一月に結ばれた高平・ルート協定では太平洋の現状維持と中国における商工業上の機会均等を図る点で合意した。さらに、米国が第一次世界大戦に参戦した直後に石井菊次郎外相とランシング国務長官の間で協定が結ばれているが、ここでは、中国における日本の「特殊権益」を米国が承認する一方、日本は中国における門戸開放を承認した。ただし、ワシントン会議後にはこの協定は破棄されているので、新外交が登場した以降は、勢力圏分割的な協定を、秘密協定とともに、米国は忌避するようになった点も忘れてはならない。

4　ワシントン会議に対する日本社会の反応

†徳富蘇峰の反発

　ワシントン会議中の日中交渉で山東利権の中国への返還が決定されたことに対して、民族派の巨頭、徳富蘇峰は、日米開戦後に書いた「大東亜戦争の由来とその前途」という論文（一九四二年）の中でこう回想している。「華府（引用者注、ワシントンのこと）会議はわが日本においては、遼東還付の三国干渉よりも大いなるところの侮辱を国民に与えたところの会議である。われわれ一億皇民は、終生忘るることの出来ないところの会議です」と。（澤田、八一頁）

　徳富蘇峰が社長をしていた『国民新聞』は一九二〇（大正九）年ころには約二〇万部の発行部数を誇り、東京の新聞界では二位ないし三位を占めていたといわれるから、彼の意見は、彼個人にとどまらない影響力をもっていたと考えられる。

　しかし、山東返還と日清戦争後の三国干渉による「遼東還付」を同一視する歴史観には疑問が残る。なぜなら、「遼東還付」の場合は、干渉したロシアが遼東半島の利権を狙って干渉したのだから、明らかに「帝国主義的な利権狙い」の典型であった。それに対して、山東返還は、元来の所有者である中国に返還したのだから、むしろ帝国主義を批判する民族自決時代の到来を象徴する事件とみるべきであろう。にもかかわらず、この二事件を同一視するのは、結局、日本の損得しか考えない、自民族中心的な考えに蘇峰がとらわれていた証左といえるだろう。

†大川周明の批判

大川周明は、ワシントン会議における海軍軍縮に関して、やはり日米開戦後に出版した『米英東亜侵略史』（第一書房、一九四二年）の中でこう書いている。

「ワシントン会議は、太平洋における日本の力を劣勢ならしめることにおいて、並びに東亜における日本の行動を掣肘拘束することにおいて、アメリカをしてその対東洋外交史上未曽有の成功を納めさせた」と（大川、二〇一八年、五一頁）。

ここで大川は、海軍軍縮で日本の軍事力が制限されたことや米国の言う中国における門戸開放政策を日本が受け入れたことが米国外交の勝利だったとし、こうした流れに対する抵抗として「大東亜戦争」があった、と主張したかったのだろう。

しかし、大川は、ここで、海軍軍縮が米英にとっても財政負担の軽減から必要とされていた点や、当時の日本の世論も歓迎していた点を無視している。また、中国における門戸開放政策に関しては、日本でも、幣原喜重郎のように、門戸開放を日本の経済力強化のチャンスと受け止める議論があり、決して米国外交の勝利とだけはいえない点を無視している。換言すれば、大川は、軍事力で領土を拡大する満州事変のような行動を肯定する「旧外交」に固執するため、門戸開放政策に表れた「新外交」の特徴を米国の押し付けとしか見られなかったのであろう。ここにも自民族中心的な発想の特徴がみられる。

†幣原喜重郎の反論

ワシントン会議の日本側全権として交渉のとりまとめに苦労した幣原は、当然ながらワシントン会議の合意を高く評価していた。この会議で石井・ランシング協定の破棄が問題になったときに幣原は次のように語っている。

「日本は、またシナにおいて優先的もしくは排他的権利を獲得せんとする意図にも動かされていない。どうして日本はそんなものを必要とするのか。……日本の貿易業者および実業家は地理上の位置に恵まれ、またシナ人の実際要求については相当の知識を有っている」（岡崎、二四七～二四八頁）と語って、中国市場における排他的な特権などはいらないと考えていたのであった。

つまり、中国における門戸開放政策を受け入れるか否か、をめぐる対立の背景には、あくまで満蒙の「特殊権益」に固執するのか、それとも中国市場全体での自由競争に日本が勝ち残る道があると考えるのか、の対立があったことが分かる。

†渋沢栄一の軍縮賛成論

当時の財界の大御所であった渋沢栄一は、ワシントン会議に日本側のオブザーバーとして参加し、米国で講演などを行っていた。一九二一（大正一〇）年一一月一七日、ニューヨーク商工会議所の定例晩餐会に主賓として招かれ、次のように語った。

まず、開口一番、「自家の利益が一にマンハッタン島に於ける相場の上下に懸って居る」ので、ニューヨークには「東京と隣接している如きの親しみ」を感じると語った。その上で、次に日米貿易に触れ、一九二〇年における米国の対日輸出は、米国の総輸出額の四・五％に過ぎないが、日本の対米輸出は、日本の総輸出額の四二％にも達する点を指摘し、日本国民が米国との友好を大切にしていることは疑う余地がないと強調した。その上で、「ワシントンで開かれている重大な会議について一言申し上げたい」と断って、次のように語った。

「有名なる国務卿ヒューズ氏が牛耳を取りて、断固たる海軍軍備縮小の提議を為されてよ

図9　1929年、飛鳥邸にて米国記者団招待茶話会に参加する渋沢栄一（写真中央）

り、外交上にも一転機を画し、人類の進べき道に対して新なる方向を示されたのは、誠に慶ばしい事である。現代の文明に根本的な欠陥がある間は、単なる軍備縮小によって戦争を根絶し得るものではないという事は、言を俟たない。しかし今回企図された海軍軍備縮小に対し、幸に列強が賛成するに於ては、各国民の負担するという租税を非常に軽減し得ることは明らかである。軍備縮小によって多額の節約をするということのみが、軍備縮小の目的ではない。この節約によって得られるべき資本及び余力は、平和と進歩との為に用いられるべきである。」と語った。最後に、軍縮が実行された時、米国は全人類から無限の賞讃と永久の感謝を受けるであろう。日本の国民も、今回の歴史的な会議を成功させるために米国と徹底的に協力することを何れの国よりも望んでいると断言して演説を結んだという（木村、一四二〜一四三頁）。

つまり、渋沢は、日本の実業界を代表して、ニューヨークの実業家を前に海軍軍縮条約への賛成を表明していたのであった。

†石橋湛山の小日本主義

『東洋経済新報』の主筆であった石橋湛山は、ワシントン会議を意識して、植民地放棄論を展開していた。まず一九二一（大正一〇）年八月一三日の「大日本主義の幻想」と題した社説でこう書いていた。「朝鮮、台湾、樺太または満州という如き、これぞという天産もなく、その収入は統治の費用を償うにも足らぬ……」、「一人の労働者を米国に送る代わりに、その労働者が生産する生糸をまたはその他の品を米国に売る方がよい」、「朝鮮、台湾、樺太、満州という如き、僅かばかりの土地を棄つることにより広大なる支那の全土を我が友とし、進んで東洋の全体、否、世界の弱小国全体を我が道徳的支持者とする」と（石橋、八二〜八六頁）。

つまり、石橋は、植民地はかかる費用が得られる利益より多いので、割に合わないとして、むしろ植民地を放棄して、日本は貿易立国として生きてゆくべきだと主張していたのであり、この考えを中国に適用すると、門戸開放政策を日本も受け入れるべきとの主張になる。その点を、石橋は、同じく『東洋経済新報』の九月一〇日号の「軍備の意義を論じて日米の関係に及ぶ」という社説で次のように述べた。

「米国の要求、すなわち極東の経済的開放なることによって、……日本は、満蒙のいわゆる特殊利益を失うかも知れぬ。しかし、……もし支那の全土に、自由に活動し得るならば、差引き日本は莫大な利益を得る」と（石橋、九八頁）。

ここで石橋は、満蒙の特殊権益を放棄しても、中国全土で自由な経済活動が可能になればその方がずっと大きな利益になると主張しているのであり、それは先の幣原の主張と一致するものであった。つまり、ワシントン会議において対中門戸開放政策の受け入れを主張する人々は、満蒙の特殊権益に固執せずに、中国全土との貿易を重視した方が日本の利益になると主張していたのであった。この論点こそ、後の満州事変が不可避かどうかにつながる重要な論点であった。

5　日本における軍部権限抑制論の台頭

†大正デモクラシーと軍部抑制の模索

藩閥政治を批判し、政党政治の確立を求める声は、同時に、軍部権限の抑制を求めるものにもなった。とくに、大艦巨砲時代の到来や総力戦時代への突入は、軍事費の急騰を招き、財政面からも軍部の要求を抑える必要が高まった。たとえば、大正時代の始まりを告げる内閣となった第二次西園寺内閣は、陸軍の二個師団増設要求を拒否したが、これに抗議して上原勇作陸相は、「帷幄上奏《いあくじょうそう》権」を行使して、直接、天皇に辞表を提出し、一九一二（大正二）年に内閣の崩壊を招いた。この「帷幄上奏権」とは、明治憲法で認められたもので、軍の統帥事項に関して、首相の「輔弼《ほひつ》」を得ずに、直接、天皇に裁可を求めることができる権限であり、しばしば政党内閣が軍部によって倒壊させられる原因となった。

また、一九一四（大正三）年には、海軍の軍需品納入に関連した贈収賄事件であるシーメンス事件で山本権兵衛内閣は辞職に追い込まれ、海軍の権威に大きな傷を残した。加えて、ロシア革命に対する干渉戦争として一九一八（大正七）年に始まったシベリア出兵では、二〇年初めに米国軍の撤退後も残留して、国際的非難を浴びた。その上、三〇〇〇人もの犠牲と巨額の戦費を費やしながら、当初の目的を実現できずに、二二年一〇月には撤兵せざるをえなかったので、陸軍への批判が高まった。

このような軍部批判の高まりを背景に、政党政治家から軍部権限を抑制する提案も出始めていた。例えば、立憲国民党の犬養毅《つよし》は、一九一四年一月に、統帥と財政・経済・外交との調整を図る臨時国防会議の設置を図る提案を国会に提出し、可決されて、設置されたが、会議のメンバーが軍人多数となったため、初期の目的を達成できなかった。また、立憲国民党の植原悦二郎は、一九一九年三月に「陸海軍大臣武官制及台湾、朝鮮総督府並関東都督任用資格」について国会に質問書を提出し、「軍部大臣武官制は憲政発達の障壁」と批判した。また、原敬内閣では、植民地総督の文武官併用制の採用を進めるとともに、加藤友三郎海相のワシントン会議出席中に原首相が海相事務管理を担当することで、軍部への文民統制への手がかりをつけようとしたが、その直後に原首相は東京駅で刺殺された（藤村・後藤、一一八〜一二〇頁）。

†第一次世界大戦後の軍縮ムードの高まり

その上、一五〇〇万人もの膨大な犠牲者を出した第一次世界大戦に対する批判も加わり、大戦後の一九二〇年代の初めには、「軍人が軍服を着て歩くのが肩身が狭かった時代」が到来した（北岡、二〇一三年、二〇頁）。

このような軍縮・平和ムードの高まりを背景に、犬養毅は一九二一（大正一〇）年一月の国民党大会に行財政改革と軍縮による「産業立国主義」を提唱し、具体的には、兵の在営年限の短縮や常設師団の削減を提案した。また、一九二一年九月には、尾崎行雄、吉野作造などが発起人となり、「軍備縮小同志会」が結成され、軍縮とともに、太平洋及び極東の争因の排除、軍国主義の打破、平和政策の確立などが要求された。さらに、一九二二年二月一日の『東京日日』は「陸軍軍備縮小は、普選とともにぜひとも解決せねばならぬ国家的重大問題である」と主張した（藤村・後藤、一二一〜一二二頁）。

つまり、軍縮要求は、海軍だけでなく、陸軍にも向けられていたのであり、一九二二年から二三年にかけて陸相となった山梨半造の下で、陸軍予算の一五％に相当する約六万人の兵員削減などが実施された。しかし、師団数は削減されなかったので、不十分との批判が起こり、加藤高明内閣の陸相となった宇垣一成の下で、一九二五（大正一四）年に、自動車、戦車、航空機などの導入による装備の近代化や学校への軍事教練を導入する代わりに、四個師団の削減が実施された。この学校への軍事教練の導入は、削減された将校たちに仕事を提供する意図にも裏付けられていたが、大正デモクラシーに逆行するものとの批判も受けることになった。

このように、一九二〇年代前半には軍縮ムードが高まり、実際に海軍と陸軍の両方で軍縮が実施されたが、それに対する反発や危機感が軍部や民族派の知識人の間に高まった時代ともなった。

†軍令と軍政の構造的矛盾

明治憲法では、第一一条で「天皇は陸海軍を統帥す」と規定し、軍の動員や作戦行動について指揮命令する軍令に関わる権限が天皇にあると規定していた。他方、第一二条では、「天皇は陸海軍の編成及常備兵額を定む」と規定され、軍の兵力量や装備の整備、そのための予算の確保・配分といった軍政に関わる権限が天皇にあると規定していた。しかし、国家の予算編成は、政府の権限であり、天皇は「統治権の総覧者」であるが、第五五条で「国務各大臣は天皇を輔弼し其の責に任ず」と規定され、天皇の大権行使は国務大臣の補佐によって行われることになっていた。

つまり、軍事予算に関わる軍政には政府も関わるが、軍令は専ら軍部の権限とされ、この二重性は天皇によって統一される建前であった。しかし、その天皇は、「立憲君主」として直接的な政治関与を自制する建前にもなっていたので、かえって軍部が天皇の権威を借りて、暴走しやすい法的構造になっていた。これが明治憲法体制の根本的欠陥であったが、その是正を求める声が、大正デモクラシー期に高まったのは当然のことであった。

†吉野作造の帷幄上奏批判

吉野は、軍令と軍政の二重構造を「二重政府」と呼び、それに疑問を呈する著書『二重政府と帷幄上奏』を一九二二（大正一一）年に刊行している。吉野は、普通選挙権の実現をめざす時代にあっては、「君民一体」による共治が必要であり、そのためには「一切の国務を政府の輔弼範囲に包摂し、以て国権の統一的活動」を行う必要があると主張した（藤村・後藤、一二九〜一三〇頁）。

つまり、吉野は、統帥権も内閣の輔弼事項に含めるべきと主張したのであり、それは、大正デモクラシーの高揚を背景に、日本にも軍部に対する「文民統制」を導入しようとする主張であった。明治憲法で軍部が天皇に直属し、政府や議会の統制を受けないという制度は極めて絶対君主時代の考えであり、立憲君主制の考えとは矛盾するものであったので、吉野の主張は、明治憲法の立憲主義の徹底を、軍部にも求めようとするものであった。このような改革が実現していれば、当然、一九三〇年代に発生した軍部の暴走は未然に防がれたであろう。

6 ワシントン条約に対する日本軍部の反応

†海軍軍縮条約をめぐる海軍内部の対立

ワシントン会議に臨んで海軍が決定した対米七割という方針は、日米開戦となった場合、米国は、大西洋域にも軍艦を残す必要があるので、対米七割を維持できれば、太平洋域での対米海戦を有利に戦えるという判断から導き出されていた。しかし、実際の交渉では、首席全権の加藤友三郎海相は、フィリピンなどの太平洋上の米軍戦力の現状維持を条件に、対米六割で妥協したのであった。

その際、加藤（友）には次のような判断があった。「今後の戦争は総力戦となり、国防は国家総動員によって達成するため、軍備を整備すると同時に民間工業力の発達、貿易の奨励による国力の充実が必要となる。将来、日本が戦争をする可能性があるのはアメリカのみであるが、極論として仮にアメリカと拮抗できる軍備を建設できたとしても、戦争に必要な資金をアメリカ以外から調達できず、対米戦争は不可能になる」と。ただし、加藤（友）は、「出来得丈《だ》け日米戦争は避け、相当の時機を待つより外に仕方なし」とも言っているので、対米戦の一時的な回避論者であった（黒野、八五〜八六頁）。

それに対して、あくまで対米七割を維持すべきと主張したのは、ワシントン会議に海軍の首席随員として参加していた加藤寛治であった。後にこう語った。「海軍は開戦初頭に東亜にいるアメリカ艦隊を撃破し、陸軍と協同してフィリピン・グアムの根拠地を破壊する。そして、来援するアメリカ主力艦隊に対して、海軍は地の利を活かして対米七割の兵力で迎撃する」。このため、主力艦一割の戦力不足を「名状すべからざる悲壮な教育訓練を重ね……補助艦（無協定）の増勢でその失を補ふ」と（黒野、八四頁）。

つまり、加藤寛治は、将来の対米戦も日露戦争のような短期決戦型で展開すると考えていたわけだが、加藤（友）は総力戦型の戦いで米国に勝利することの難しさを自覚して、海軍軍縮条約の調印を主導したのであった。加藤（友）海相は、加藤寛治より海軍兵学校の一一期も先輩で、格もずっと上であったので、加藤（友）の判断に従った。しかし、一九三〇年に開かれた補助艦を中心としたロンドン海軍軍縮交渉の時になると、加藤寛治は海軍軍令部長に就任しており、対米七割を主張し続け、「統帥権干犯」論争にまで発展させる首謀者となった。

†日本陸軍の軍縮対応

ワシントン会議には陸軍から参謀本部の第二部長、田中国重が陸軍首席委員として参加したが、彼は、海軍軍縮を「帝国有史以来の一大国辱」と捉え、参謀総長の上原勇作にこう書き送った。「彼（アメリカ）の積年の野心たる太平洋の制海権獲得は申すに不及《およばず》、極東に覇を唱ふるの深謀遠慮の実行に取り掛かる事は、決して遠き未来の事にあらざるべきを断言するに憚らず」と（黒野、八八頁）。

つまり、田中国重にいわせれば、ワシントン会議は米国の勝利、日本の敗北とみなされるものであった。他方、後に陸軍大臣となる宇垣一成は、南進を自重して北進を図る論者だったので、日米戦争を回避するためにワシントン会議での譲歩を評価したという。

このように陸軍の内部でもワシントン条約の評価は論争的であったので、一九二三年に改定された国防方針は極めて曖昧なものとなった。

†一九二三（大正一二）年の国防方針改定

この年の改定は、まさにワシントン会議の合意に対応したものとして注目されたが、陸海軍とも、ワシントン条約は一時的妥協と考え、日本の海外権益の維持拡大は従来通りお

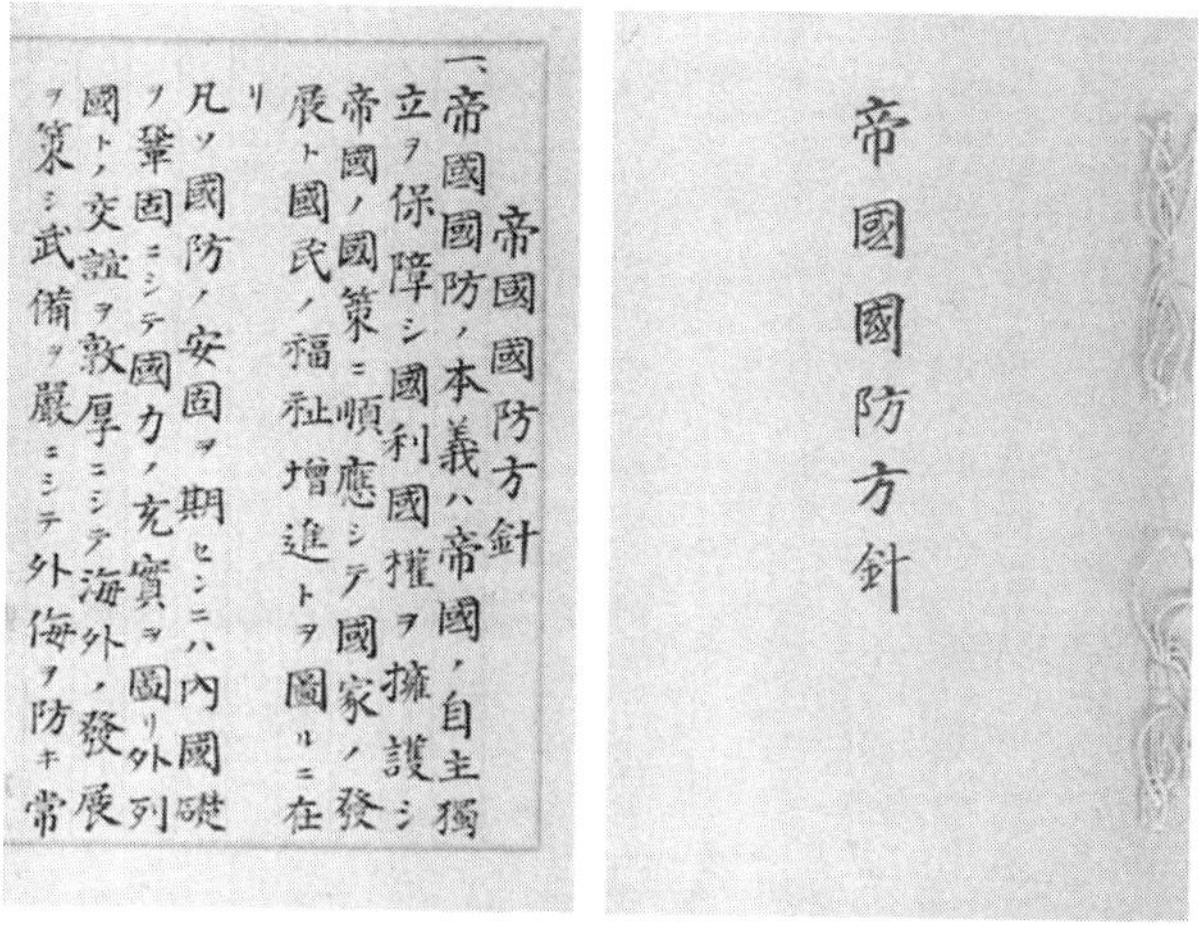

帝國國防方針

帝國國防方針

一、帝國國防ノ本義ハ帝國ノ自主獨立ヲ保障シ國利國權ヲ擁護シ帝國ノ國策ニ順應シテ國家ノ發展ト國民ノ福祉增進トヲ圖ルニ在リ

凡ソ國防ノ安固ヲ期センニハ内國礎ヲ鞏固ニシテ國力ノ充實ヲ圖リ外列國トノ交誼ヲ敦厚ニシテ海外ノ發展ヲ策シ武備ヲ嚴ニシテ外侮ヲ防キ常

図10　大正12年に制定された国防方針

こなうという前提で改定に臨んだ。しかし、陸軍の希望する南守北進を明記すれば、海軍が反発するし、海軍の希望する北守南進では陸軍が納得しない。また、東亜全体への進出を明記すれば、ワシントン条約との矛盾が表面化する恐れがあった。その結果、国防の目的は次のように極めて一般的に規定されるにとどまった。「帝国国防の本義は帝国の自主独立を保障し、国利国権を擁護し、帝国の国策に順応して国家の発展と国民の福祉増進とを図るに在り。……列国と協調して紛争の禍因を除き、以て戦争を未然に防《ぼう》遏《あつ》するに努むると共に、一朝有事に際しては国家の全力を挙げて敵に当り、速に戦争の目的を達するの用意あるを要す」

と（黒野、一一一〜一一二頁）。

しかし、この改定では、それまでの第一の脅威をロシアとしてきたのを変更して、米国とした。その理由としては、「対中経済侵略政策」で「帝国の地位を脅かし、遂には帝国の隠忍自重を許さなくしている」こと、「経済問題と人種的偏見（移民排斥）とに根ざす多年の紛争は其解決至難」であるので、「早晩帝国と衝突を惹起すべきは蓋し必至の勢いにして、我国防上最大視すべき」と（麻田、一六二頁）。ただし、総力戦への対応策はどこにも見られなかった。資源や重工業力の不足する日本が対米戦を長期の総力戦として展開する場合に、勝機は見いだせなかったので言及を避けたと思われる。実際の日米戦争は、長期の総力戦として戦われ、日本は悲劇的な敗北を喫したのであるから、この一九二三年の国防方針の提起のなかで日米間の国力の冷静な分析に基づいて、日米戦回避の提案をなぜ出せなかったのか、疑問が残る。

†ワシントン体制は存在したのか？

ワシントン会議で締結された三つの条約によって「ワシントン体制」が成立したという解釈が長年、日本の学界では定説となってきた。例えば、ワシントン会議研究の先駆者、細谷千博は、こう述べている。

「ワシントン会議の結果、東アジアで成立した新しい国際政治システム――ワシントン体制――の特質は、日・米・英の協調システムとして、まず把握することができる。それは、日英同盟、日露協商によって典型的に代表される、第一次大戦前の二国間政治提携――それによって後進民族を犠牲にして、勢力圏の設定や政治的・経済的膨張をはかろうとする帝国主義的外交方式――の否定を目ざす、新たな多数国間の提携システムの設定を試みたものであり、また、いわば、「旧外交（Old Diplomacy）」にかえる「新外交（New Diplomacy）」の理念にもとづく、東アジアの新たな国際政治の実現と見ることができる」（細谷、斎藤、一九七八年、三頁）と。

また、麻田貞雄の場合は、こう述べている。「ウィルソン的国際秩序（「リベラルな資本主義的・国際主義的協調」）も、いちおう東アジアにおいて形成された。「ワシントン体制」と呼ばれる日・米・英の地域的な国際協調システムは、太平洋における軍縮システムと、東アジアの相対的安定化のための政治的提携システムを二本柱としていた。また、日本外交についていえば、ワシントン会議は「幣原外交」の出発点としてこれを位置づけることができる」と（麻田、一〇〇頁）。

それに対して、服部龍二の研究によると、日英関係史の専門家、イアン・ニッシュは、当時の英国が、ワシントン会議で東アジアに米国主導の新秩序が成立したと認識していたことを示す史料はないと主張している。つまり、「イギリス外交史家はワシントン体制という概念そのものに懐疑的な議論を展開しており、イギリス外交の位置づけをも含めて三国間合意の内実を問い直す必要がある」と指摘している。また、中国では、ワシントン体制という用語は使用されているが、そこでの中国に対する差別待遇を問題視すると同時に、ヴェルサイユ・ワシントン体制が日本軍の中国侵略を抑止した面を評価しているという（服部、二〇〇一年、一七〜八、九〇頁）。

このように、「ワシントン体制」という用語は、概して日米関係史の専門家に主張される傾向があるのに対して、日英関係や日中関係の専門家からその存在自体に疑問がでているのはなぜだろうか。

ある条約が締結された結果、締約国の間で一定期間、それを遵守する結果、一定の国際秩序が形成される場合は「……体制」の成立と評価できるだろう。ヴェルサイユ体制とか、サンフランシスコ体制という呼称はそうした安定性があるから使用されているが、ワシントン体制も同じような安定性を持っていたのだろうか。海軍軍縮条約の場合は、確かに締約国が条約に定められた比率を遵守していたので、「体制」の表現を使用できるだろう。

しかし、ソ連はワシントン会議から除外され、コミンテルンなどの「革命外交」で対抗していたのは事実である。また、中国は、九カ国条約で「主権の尊重」という原則は承認されたものの、具体的な国権回復の要求が満たされず、不満に思っていたので、当初から不安定性を持っていたのも事実だろう。そうした矛盾を抱えた存在として「ワシントン体制」を把握する必要があるだろう。

第三章

米国の日系移民排斥と反米感情の噴出

日系移民の入国審査(カリフォルニアのエンジェル島)

1　一九二四年移民法の成立

†米国における日系移民

近代になってからの日本人の海外移住の始まりは、まだ独立国であったハワイ王国が砂糖キビの収穫に従事する労働者として受け入れた「元年者」と言われる移民であった。その後、一八九八年にハワイが米国に併合されると、米国西海岸に移る日系人が増加した。当時の米国では、一八六九年に大陸横断鉄道が完成し、中西部の安い小麦やトウモロコシが大量に流入したため、西海岸の農業は野菜や果物という収穫期に大量の労働力を必要とする集約農業に転換し始めていた。しかし、中国系の移民は、一八八二年の中国系移民排斥法で新たな流入は禁止されていたので、代わって日系人が西海岸に流入していった。

その日系移民は、当初、農業労働者として白人が所有する農場で働いていた時代はむしろ歓迎されたが、厳しい労働の中でも貯金をして、農地を購入するようになると、白人農民のライヴァルとなり、排斥が始まった。それは、ちょうど日露戦争で日本が勝利した時期に重なり、米国のマスメディアでは、日本が日系移民を使って西海岸の領有に乗り出す

図11　ヴィルヘルム２世によるスケッチをもとに描かれた「黄禍」の絵

のでは、といった荒唐無稽の「日本脅威論」が喧伝されていった。その背景には、一九世紀末にヨーロッパで流行した「黄禍《こうか》論《ろん》」の影響があったが、米国で日系移民排斥論が活発に主張されるようになるのは、日露戦争後であり、西海岸の有力紙である『サンフランシスコ・クロニクル』紙が日系人排斥キャンペーンを開始したのは、一九〇五年一月の旅順の戦いでロシア軍が降伏した翌月からであった。

†ヨーロッパにおける黄禍論の台頭

ヨーロッパ人が人種の違いを意識し、白人の優越性を強調し始めたのは、大航海時代、とくに奴隷貿易と中南米の植民地化の過程においてであった。しかし、その時代でもアジアには、西はオスマン帝国、南にはムガール帝国、東には明から清帝国が存在していて、むしろ、アジアの富への渇望がヨーロッパ人をして大航海に乗り出させたともいわれる。それ故、アジア人に対する意識は、まず憧憬から始まったが、同時に、一三世紀初めのチンギス＝ハンによるヨーロッパ侵攻の記憶に結びついた「脅威」感もあった。その後、西欧が産業革命に成功してから、ヨーロッパとアジアの力関係が逆転し、多くのアジア諸国が西欧大国の植民地になるにつれて、アジア人蔑視が定着していった。つまり、ヨーロッパ人のアジア人観には、憧憬と脅威と蔑視がないまぜになっている特徴があった。

そうした中で、アジア人への脅威を強調する「黄禍論」が台頭するのは、一九世紀末の帝国主義時代であった。とくに、日清戦争での日本の勝利が大きなインパクトを与えた。ドイツ皇帝のヴィルヘルム二世は、一八九五年四月末に従兄弟のロシア皇帝ニコライ二世が日本に遼東半島の返還を要求する三国干渉の音頭をとった点に感謝して、次のような手紙を送ったという。

「ぼくは君が日本に対抗してヨーロッパの利益を守るためにヨーロッパが連合して行動を取るようにイニシアティヴを取った、その見事なやり方にたいして心から感謝している。……大黄色人種の侵入からヨーロッパを守るのが、ロシアにとっての将来の大きな任務であることは明らかだからだ。」と――。この手紙に加えて、ヴィルヘルム二世は、宮廷画家のヘルマン・クナックスに、大天使ミカエルがヨーロッパの女神たちを率いて、大仏で象徴させたアジアに対抗する有名な絵を描かせた。この絵のタイトルには「ヨーロッパの諸国民よ、汝らの神聖な財産を守れ！」と書かれていた（廣部、一二一〜一二三頁）。

ここでのヴィルヘルム二世の意図は、ロシアの関心をアジアに向けることで、独ロ対立の緩和を狙ったものであり、黄禍論強調の背後にはヨーロッパのパワー・ポリティクスがあった。

図12　サンフランシスコにおける中国人労働者虐待の風刺画

米国流の黄禍論

米国の黄禍論は、アジア帝国への脅威感よりもアジア系移民への排斥感情から始まった（ゴルヴィツァー、七一頁）。一八四六年、カリフォルニアで金鉱が発見されると、世界中から一攫千金を求める山師が殺到した。人口が急増した鉱山地帯では炊事や洗濯に従事する労働者が必要となり、はるばる中国から労働者が運ばれてきた。

また、米国での大陸横断鉄道は、鉄道会社が連邦政府から公有地を借りて一定期間内に鉄道を完成させる必要があり、過酷な労働が強いられた。そのため、「東ではウィスキーによって西では茶によって建設された」といわれたように、東ではアイルランド系の移民が、西では中国系の労働者が大量に動員された。

しかし、当時の中国は海禁政策をとり、海外移住が禁止されていたので、彼らは非合法に移出され、奴隷的な労働を強いられた。しかも、当時の米国では南部の黒人奴隷制をめぐって激しい論争が展開されていたので、中国系労働者は「苦力《クーリー》」と呼ばれ、黒人奴隷と同等とみなされ、排斥された。

カリフォルニアの金鉱ではすぐに産出量が低下したし、大陸横断鉄道も一八六九年に完成すると、中国系労働者は解雇され、サンフランシスコなどに集住し、「チャイナ・タウン」を形成していった。その結果、白人労働者との競争が激しくなり、白人労働者による激しい排斥運動が発生し、その過程で、米国流の黄禍論が展開され、一八八二年に中国系労働者の流入を禁止する法律が制定された。

†米国西海岸での排斥法の制定

行政レベルでの日系移民差別の目立った動きは、一九〇六年一〇月にサンフランシスコ市・郡の学務局がアジア系学童を東洋人学校に隔離する命令を出した事件から始まった。

この命令は、同年四月にサンフランシスコで発生した大地震によって多くの校舎が崩壊したため、アジア系の学童を白人児童とは別の学校で教育しようとしたものであった。これに対して、在サンフランシスコ日本領事館や在米日本人連合協議会などが差別として抗議したことから、児童隔離問題が日米政府間の重大問題に浮上した（澤田、四一～四二頁）。

時の大統領、セオドア・ローズヴェルトは、ハワイ・メキシコ・カナダ経由で米国に入国する日系移民の入国を全面禁止にする行政命令を出すことで、学童隔離令の撤回を実現した。その上、一九〇八年には日本政府が米国への労働移民を自主規制するという紳士協定が日米政府間で成立した。

図13　エンジェル島に上陸した日本人「写真花嫁」

その結果、新たな日系人の流入は減少したが、代わって、先に移住していた日系男性との結婚を目的とする女性移民が増加した。しかも、帰国して結婚相手を決めることは経済的に困難であったため、写真だけで結婚を決め、渡米するケースも多く、白人社会ではこれを「写真花嫁」によって日系人の定住化が促進されるものと反発した。そうした反発から、カリフォルニア州議会では、一九一三年に日系人の農地所有を禁止する外国人土地法を可決した。

†一九二四年移民法と東南欧系移民差別

日本側では、排日運動は西海岸の地方的な動きであり、日本側の労働移民の自主規制により沈静化を期待していたにもかかわらず、一九二四年に米国の連邦議会が日系移民の新たな流入を禁止するとともに、日系一世の帰化権を否定する移民法を可決したのは大きなショックであった。日本では、この移民法を「排日移民法」と呼ぶことが一般的だが、この法律で日本を名指ししている項目はないので、この名称は不正確である。

この移民法では、日系移民の帰化権を争った事件で、連邦最高裁が日系移民一世を「帰化不能外国人」と認定して、帰化権を否定した判決に依拠し、この「帰化不能外国人」の新たな移民を禁止した（簑原、二一九頁）。米国では、一七九〇年の帰化法以来、米国に帰化（市民権の取得）ができるのは「自由な白人」に限定していた。その後、南北戦争の結果、黒人も市民となれることが憲法修正一四条で決定されたので、アフリカからの移民にも帰化権が認められたが、アジア系は引き続き除外されていた。

それ故、「帰化不能外国人」の新たな流入の禁止規定により差別されたのはアジア系一般であった。ただ当時の米国で最大の関心を持たれていたのが日系移民だったので、この規定は日系人の新たな流入を禁止するものとなった。

その上、この移民法の主要な制限対象は、日系人というより、南欧や東欧からの「新移民」であった。元来、米国では、一九世紀末から南欧や東欧からの移民が増加していたが、南欧はカトリック教徒が多く、東欧はギリシャ正教徒やユダヤ教徒が多かったので、米国の主流派であったプロテスタント系の間では危機感が広がっていった。その結果、東欧系や南欧系が増える前の一八九〇年の国勢調査における民族集団別の人口を基準にして入国の割り当て人数を決定する「出身国別割当制」を一九二四年の移民法で導入した（簑原、一二〇頁）。

†一九二四年移民法と日系移民

つまり、この移民法は、日系移民に対して差別的であっただけでなく、南欧系や東欧系移民に対しても差別的であったので、カトリック教徒でアイルランド系であったケネディ大統領の当選後には批判が高まり、一九六五年の移民法改正で、出身国別割当制は廃止され、すでに家族の一員が米国にいるかどうかや技術をもっているかどうかの基準が採用された。

この一九二四（大正一三）年二月に移民法が連邦議会に提出されると、日本政府は、すでに日本側の自主規制で日本からの労働移民は減少していたので、改めて連邦法で規制することは日本側の自主努力を無視する行為であると反発した。こうした強い抗議を受けて、ヒューズ国務長官は、この法案が「ワシントン会議の成果を水泡に帰するものである」として、法案の修正を求めた。しかし、埴原正直駐米日本大使がヒューズ長官にあてた書簡の中で、この移民法が成立すると日米関係に「重大なる結果（grave consequence）」を生むとした表現が上院で強い反発を生み、法案は一九二四年四月、上院でも可決された。その後、クーリッジ大統領の署名を得て、七月一日に発効した（筒井、二〇一八年、五九頁、三輪、一九三一一九四頁）。

2　一九二四年の米国移民法に対する日本社会の反発

†日本における抗議の動き

この移民法の成立に日本の国民は激高した。一九二四（大正一三）年五月三一日には米国大使館前で抗議の割腹自殺をするものが現れた。六月七日には帝国ホテルに約六〇名が乱入し、在留米宣教師の退去、洋風舞踊の絶滅、米国製映画の上映禁止、米国製品のボイコット、米人入国の禁止などを要求するビラを配布した。この民族派による反米宣伝は、効を奏した。また、六月一四日には横浜の米国領事が暴行される事件が発生したという（筒井、二〇一八年、五九〜六〇頁）。

四月二一日には東京の主要新聞一五社の共同声明が出されたが、そこでは「華府（ワシントン）会議によって一層その度を加えた日米の親善と、昨秋の大震災を機として太平洋の両岸に架せられた友誼の橋及びその多幸なる記憶が、米国国会の措置によって破壊されることはわれ々の到底忍び得ざる所であり、同時に、平和協調を希求してやまざる全世界の市民の感を同じうする処であろうと信ずるのである。」と述べられていた（『新聞資料集成』大正一三年四月、一六三頁）。つまり、新聞社の共同声明では、ワシントン会議や米国による関東大震災復興への支援で盛り上がった日米親善がこの移民法の成立で台無しになったという断腸の思いが表明されていた。

†上杉慎吉の日米必戦論

それに対して、上杉慎吉のような民族派の憲法学者の場合は、「対米戦争の準備」を煽動するほどの激高ぶりをしめした。上杉は、五月二五日に東京の在郷軍人会が靖国神社で開催した抗議集会と、六月六日に国技館で開かれた、八万人を集めたという抗議集会の両方で講演し、それをまとめて、『日米衝突の必至と国民の覚悟』という小冊子を出した。そこでは、こう述べている。「政府が何と云はうが、戦備が出来ようが出来まいが、民衆の力で戦争まで持ってゆく。」……「日本人の台頭は、全世界十二億の有色人種に至大なる反響を与え、有色人種の西洋人に対する解放運動は、将に世界的大潮流とならんとしつつある」……「日米の衝突は必至である。米の日本征服は既定の計画である。されば、必戦の覚悟を定めなければならぬ」……「今若し物質的に日米を比較すれば、日本は必敗と云はなければならぬ。」……「日本人が一大勇猛心を奮い起して、日米衝突の大覚悟を為すは日本民族の世界的使命歴史的責任である」と（上杉、四、一三、三九〜四〇、四二、七三〜七四頁）。

また、付録では、「国際主義とか平和主義とか云うことが、耳学問の片々才子に依て唱へらるれば、これに雷同する者もあると云ふ仕末である、日本を軍国主義と誹り、日本唯一の強味を奪はんとする外国人の宣伝に対して、内からこれに調子を合わす非国民的外交家政党員記者も続々出て来ていると云ふに至ては、何たる有様と評すべきか……」（一五〜一六頁）と主張した。

このように上杉慎吉は、米国の物質的優位を認めながら、日本人の民族精神と有色人種の連合で対抗可能であるとして、対米戦争を煽動したのであった。また、明治以来の西洋化を否定し、国際主義者の主張を「非国民」と否定したのであった。その極端な民族主義的論理は、一九三〇年代の軍部独裁体制の下で一般化する排外主義的論理の先取りであった。

†徳富蘇峰の怒りと自制

徳富蘇峰は、一九二四（大正一三）年七月二日の『国民新聞』夕刊の短評で、一九二四年の移民法を「排日移民法」と呼んだ上で、その実施日である七月一日を「国辱の日」と命名し、「日本の外交政策が東より西へ大括弧線を書く日、米国と手を切ってアジアの兄弟と手を握る日」と書いた。また、『国民新聞』は、東京の他の日刊紙に比べ、群を抜いて詳しくこの反米の動きを報道した。たとえば、七月一日に黒龍会や大行社などの民族派が増上寺で開催した、一万人もの抗議集会の模様を詳しく報道し、「排日法は亜細亜民族全体への侮辱だ」といった一弁士の演説を紹介した（三輪、一八三頁）。

また、翌二日の『国民新聞』で蘇峰は、国際協調主義者をアメリカナイズした日本人として非難し、「彼等は実は獅子身中の虫だ。彼等は蜜の如き巧言もて、我が同胞として恥の恥じたる所以を遺却せしめんとしつつある」と書いた。このような論理は、国際協調派を「非国民」扱いするナショナリズムの論理であったが、このような反米報道で『国民新聞』は大幅に部数を増やしたというから、当時の国民の間ではセンセーショナルな報道がうける素地があったといえるだろう。同時に、蘇峰は、七月三日の夕刊で「如何なる場合でも、自制は必要だ。特に国際関係に於て、最も然りとす。自制なき国民は、自国を愛するの余、動《やや》もすれば取り返しのつかぬ狂態を演出す。而して其の狂態や、宛も自殺的行為となる」と書いた（三輪、二〇三〜二〇四頁）。

つまり、国際情勢に通暁した蘇峰は、上杉慎吉のように、対米戦争を唱道することは控え、国民に自制を訴えたのであるが、強大な米国に対抗するにはアジアと連携する必要があることを痛感していた。

†アジア主義の起源

日本におけるアジア主義の起源は、幕末の開国に反発した攘夷運動に求めることができるが、明治維新が文明開化を推進したこともあって、一時下火になっていた。しかし、開国後も不平等条約を押し付けられ、欧米列強が容易にその改正に応じない現実の中で、反欧米感情が反白人感情という人種意識と合体する傾向が発生した。その上、日清戦争での三国干渉で一層、反西洋感情が高まっていった。

例えば、五摂家の家柄に生まれ、ドイツ留学後、貴族院議長や学習院院長などを歴任した近衛篤麿（文麿の父）は、一八九八年一月号の『太陽』に「同人種同盟」という論考を寄せた。その中では、「最後の運命は、黄白両人種の競争にして、此競争の下には、支那人も、日本人も、共に白人種の仇敵」となるので、「日本人が漫に欧州人と合奏して、支那亡国を歌ふ」のは軽佻浮薄であるとして、日中友好が提唱されていた。そして、近衛は、一八九八年に発足した東亜同文会の会長になってゆく。また、この近衛の論考は、フレデリック・カンリフ＝オーエンというイギリスの元外交官によって、ドイツ皇帝が提唱した黄禍論に対抗するアジアの動きとして紹介されたが、このオーエン論文は、『ワシントン・ポスト』など米国の有力紙に掲載されたという（廣部、一二三～一二四頁）。

†黄禍論を批判する白禍論

日露開戦は、欧米で黄禍論の一層の高まりを生み出すとともに、それに対する日本の反発も強化させた。欧米での黄禍論の高まりに日本政府は危機感を覚え、金子堅太郎などを米国に派遣し、各地で講演をさせた。金子は、セオドア・ローズヴェルト大統領とハーバード大学でともに学んだ仲で、知米派の知識人として知られていた。一九〇四年四月に母校のハーバード大学で行った講演では、世界を席巻しているのは黄禍ではなく白禍であると主張し、日本は、人種的利害や宗教的利害のためでなく、自国の存続をかけて戦っていると強調した。また、日本で長年、宣教活動をしていたシドニー・ギューリックは、日露戦争中に『極東における白禍――日露戦争の重要性の解釈』という本を出し、日露戦争の原因は、白禍にあり、白禍が東アジアの人々を最初に脅かしたため黄禍が生じたと主張した（廣部、三八、四三頁）。

つまり、日露戦争を機に欧米で高まった黄禍論に反発して、日本では、アジアに対する白人の侵略を批判する「白禍論」が台頭していたのであるが、金子堅太郎の場合は、日露の対立を「人種」や「宗教」ではなく、「国益」の対立と強調していた点が特徴的であった。それに対して欧米の黄禍論に「人種主義的」に反発して、大アジア主義を標榜する流れも台頭した。

†欧米協調とアジア主義の間

例えば、台湾経営に関係した後、初代の満鉄総裁になった後藤新平は、一九〇七年に伊藤博文と面談した際に、「支那の有力者を啓導して国際上の真智見を会得せしめ、以て東洋人の東洋、即ち大亜細亜《パン・アジア》主義の本旨に悟入せしむるこそ、東洋平和の根本策を大定する所以なれ」と主張し、日清同盟の必要性を強調したという。それに対して、当時、韓国の初代統監であった伊藤博文は、「凡そ此の種の論法を口にするものは、深く国際間の情偽に察せず、動《やや》もすれば軽率なる立言を為すが故に、忽ち西人の為めに誤解せられ、彼等をして黄禍論《イエロー・ペリル》を叫ばしむるに至る」と反論したという(廣部、四五ページ、ひらがな表記は引用者)。

つまり、明治維新以来、欧米列強に日本の存在を認知させることに苦労してきた伊藤博文の場合は、欧米列強に対抗したアジア主義に警戒的であった。伊藤は当時六〇歳台であったのに対して、後藤は四〇歳台で、日清・日露戦争の勝利を受けて、欧米列強に対してあまり遠慮を感じなくなっていた世代に属すという世代差が表面化していた。

また、一九〇九年にはアジア諸民族の連帯をめざす組織として「亜細亜義会」が結成され、発起人には犬養毅や頭山満《とうやまみつる》が名を連ねていた。この組織は、辛亥革命後、「大亜義会」と改名し、一九一九年からは機関誌『大亜』を刊行、支部を大連、カルカッタ、イスタンブールなどに置くまでになった(廣部、八一頁)。

†第一次世界大戦後の大アジア主義

第一次世界大戦後のパリ講和会議で日本が提案した人種平等条項が否決されたことは、日本における反欧米=反白人意識を強める効果をもった。元首相の大隈重信は、大日本文明協会主催の会合でパリ講和について講演し、世界の人口の三分の一にも満たない白人が世界を支配することは正義と人道に対する汚点であり、傲慢な西洋人を凌ぎ、膝を屈させるのにさほど困難が伴わないことを希望すると述べ、米国のメディアにも注目されたという（廣部、七七頁）。

つまり、第一次世界大戦で日本が戦勝国となり、国際連盟の常任理事国になった上、中国や太平洋地域に新たな地歩を築いたにもかかわらず、欧米列強から人種差別的な扱いを受けたことに強く反発した結果、日本の反西洋思想には人種主義的な傾向が強まり、日本を盟主とする「黄色人種の連帯」を求める大アジア主義の傾向を強めていった。元来、「人種」の壁は、政治や経済的対立と異なり、交渉によって溝を埋めることが難しいテーマであったため、人種言説が強まると、対立が非妥協的になる恐れがあった。

†一九二四年移民法への反発

とりわけ、米国が一九二四年の移民法で、日本人を含むアジア人を「帰化不能外国人」と規定して、新たな流入を禁止したことは、日本人の誇りを深く傷つけ、対米戦争も辞さずといった勇ましい言説が飛び交うようになった。しかし、上杉慎吉の演説にも示されたように、米国が経済的に優位に立つことは、民族派にとっても否定できなかったため、そうした欠陥を、日本の民族精神やアジア人との同盟でカヴァーしようとする傾向が一層、強まった。また、米国の移民法が人種差別的条項を含んでいたため、反米言説には人種主義的なトーンが強まり、日本が「黄色人種の盟主」となるといった大アジア主義のトーンも強まった。

しかも、このような大アジア主義的言説の噴出は、それを実践する組織の結成を生み出した。一九二四（大正一三）年六月九日には大阪中之島公会堂で開催された抗議集会に五〇〇〇人が集まり、東京では岩崎勲や今里準太郎といった帝国議会議員を中心として全亜細亜協会が発足した。この協会の目標には、「欧米諸国の暗躍を監視し亜細亜の平和を永久に確保し一朝事あるに際してはアジア洲は打って一丸となり白人の極東侵攻に対抗できるだけのものを作る」と書かれていた。この協会の役員には、田中義一や後藤新平などの有力者も名を連ねた（廣部、九六、一〇五頁）。

†樋口麗陽の対米戦争自制論

ヴェルサイユ講和会議の直後に小説仕立てで『日米戦争未来記』を書いてベストセラーにしていた樋口麗陽は、米国移民法の成立を受けて、『日本危機――米禍来る』を一九二四年に刊行した。この本は、一九二〇年に出していた『日米問題裏面史』にそれ以降の展開を補充して出版したものであった。

そこでは、「日本帝国の体面を踏み潰し日本国民を劣等民族扱ひして大侮辱を加へたる排日法が、圧倒的大多数を以て上下両院を通過」、「亜細亜の各有色民族は、日本を盟主として大同団結し、この絶大な侮辱と驕慢なる挑戦に対抗しなければならない」米禍の津波がきた（三五六、三七三頁）と書いた。しかし、不思議なことに、対米戦に関しては自重を説いて、「日本の屈辱といって開戦はよろしくない。支那とも親善を結ぶべき」と述べていた（三三二頁）。

†孫文の「大アジア主義」講演の含意

日本国内で米国移民法への反発が冷めやらぬ一九二四年一一月末、孫文が神戸で「大アジア主義」と題した講演を行った。そこで、孫文は、「日本が〔不平等〕条約を撤廃して独立できたのだから、彼ら（アジアの諸民族、引用者）も当然そうできるはずだと考え、これにより勇気が生まれ、様々な独立運動を行なって、ヨーロッパ人の束縛から逃れ、ヨーロッパの植民地であることをやめ、アジアの主人になろうとしました。」と語り、日本をアジア独立の先導者として褒めたたえた（孫文、四三一頁）。

しかし、同時に、「ヨーロッパ人は近年、もっぱらこの武力の文化でわがアジアを圧迫したので、わがアジアは進歩できなかったのです。このもっぱら武力で他者を圧迫する文化を、わが中国の古い言葉では『覇道を行なう』と言うので、ヨーロッパの文化とは覇道の文化であります。しかし、わが東洋は従来、覇道の文化を軽視してきました。またもう一つの文化であって、覇道の文化より優れているのですが、この文化の本質は仁義・道徳です。」として、西洋の覇道と東洋の王道を対比した。その上で、「今後は世界文化の前途に対して、結局のところ西方覇道の手先となるのか、それとも東方王道の防壁となるのか、それはあなたがた日本国民の、詳細な検討と慎重な選択に懸かっているのです。」（孫文、四三七、四四六頁）という警告を発して、講演の結びとした。

ここで孫文が訴えた「大アジア主義」はアジアの独立運動の連帯であり、日本には、アジアの盟主をめざすような「覇道」ではなく、「王道」をめざすように忠告していたのであった。しかし、米国移民法への反発から人種的反感を帯びた反西洋感情に駆られていたその後の日本人は、孫文の忠告には耳を貸さず、日本を盟主とした「覇道的な大アジア主義」の道を強めることになる。

3　国際協調派の苦悩

†幣原外交と日系移民排斥

米国の差別的な移民法に対して日本社会が激高している最中の一九二四年六月一一日に幣原喜重郎は第一次加藤高明内閣の外務大臣に就任した。この内閣は、ヴェルサイユ条約やワシントン条約の遵守を表明し、国際協調的外交姿勢をとることを表明した。しかし、幣原は日系移民問題では積極的に動く気配をみせなかった。たとえば、一九二四年末の『東京朝日新聞』のインタビューに対して、幣原は「此種の問題は此方で余り騒がぬ方が却ってよい結果を得ると思ふ」と答えている（廣部、九七頁）。

このような幣原の静観的姿勢の背後には元駐米イギリス大使のジェームズ・ブライスの助言が影響していたことを幣原は回想録で指摘している。それは、一九一二年に開通したパナマ運河の通行税を外国船にだけ課すという米国政府の決定に対して、英国が強く反発していたころで、日本は日系移民の差別問題を抱えていた時期の会話だった。

ブライスからカリフォルニア州の排日問題について日本政府として抗議するかどうか、

聞かれた時に、幣原は、「私の方では世論がやかましいし、それを撤回することは許されない。やはり抗議を続けるほかはありません」と答えると、ブライスは、「一体あなたはアメリカと戦争をする覚悟はあるのですか。もし覚悟があるなら、それは大変な間違いです。これだけの問題でアメリカと戦争をして、日本の存亡興廃をかけるような問題じゃないでしょう。私ならもう思い切ります」と。

さらに、ブライスはこうも語ったという。「アメリカ人の歴史を見ると、外国に対して相当不正と思われるような行為を犯した例はあります。しかしその不正は、外国からの抗議とか請求とかによらず、アメリカ人自身の発意でそれを矯正しております。これはアメリカの歴史が証明するところです。われわれは黙ってその時期の来るのを待つべきです。加州の問題についても、あなた方が私と同じような立場を取られることを、私はあなたに忠告します」と。事実、パナマ運河の差別的通行税は一九一四年には廃止されたという（幣原、五二〜五三頁）。

幣原がこの逸話をあえて第二次世界大戦後に出した回想録の中で引用しているのは、米国の差別的移民法に対して静観したことへの弁明の性格を帯びているのだろう。知米派の外交官としては、移民問題は米国の国内問題でもあり、扱い方次第ではアメリカ人の神経を逆なでしかねないことを理解していたため、時間の経過による解決を期待したのだろう。

しかし、激高している日本の国内世論への配慮が欠如していたことは、幣原外交に「軟弱」や「米国追随」とのレッテル張りを許し、国際協調外交の挫折因の一つとなったことも否定できない（簑原、二二九頁）。

†国際派知識人の反発

米国議会で差別的な移民法が成立したとの報を受け、日米協会の会長であった金子堅太郎は、「日本及第二の故郷たる米国の為に微力を尽さんとの希望が打破られた今日、日米協会会長の椅子に晏如（やすらか、引用者）たる事は不可能」と語り、会長を辞任した。また、一九二六（大正一五）年に開催された太平洋問題調査会の円卓会議で、東京帝国大学の英米法教授であった高柳賢三は、「米国は常に国際的正義公平の闘士であると信じていた」ので、差別的移民法の成立は「爆弾が投下され」たように感じたと語った（細谷ほか、三巻、三三一頁）。

また、日ごろから「太平洋の架け橋」たることを希望していた新渡戸稲造は、「実にけしからん。アメリカのために惜しむ。……この法律が撤回されないかぎり、断じてアメリカの地は踏まない」と宣言したという。また、一九三一年の手紙ではこう指摘した。「排日移民法は、私にとって青天の霹靂にひとしく、肺腑をえぐる激痛でした。つねにアメリカ国家の正義感と善意によせてきた全幅の信頼を、私は失ってしまったのです。……私の心は深く傷つきました。わが民族が、尊敬される座から突然、世界の賤民の身分へと突きおとされたかのような、屈辱を覚えたのです。……私はアメリカの正義と寛仁大度にあまりにも信を置きすぎていました。」と書いたという（簑原、二三七頁）。

他方、何よりも日米貿易を重視していた渋沢栄一の場合は、もっと冷静で、こう語ったという。「元来、アメリカという国は正義人道をモットーとしているが、其の国民性は何時でも極端に走りたがる傾向がある。それに非常に自尊心の強い国民で、アメリカ及びアメリカ人をあらゆる意味において世界一と自負しているのであるから、その国民性をよく諒解しないと、動《やや》もすれば誤解を招く基になる」と。

図14　新渡戸稲造

それ故、「日本人は徒《いたず》らに感情に駆られて妄動する様な言動を慎み、米国民の正義人道の良心に訴えて円満なる解決を見る様に努力する必要がある」。「暴に酬《むく》ゆるに暴を以てするが如き態度に出る」ことは最も避けねばならないと（木村、一六六～一六七頁）。

†鶴見祐輔の米国講演

鶴見祐輔は、戦前の自由主義的政治家として著名である。旧制一校時代に夏目漱石の薫陶を受け、英語が得意になり、東京帝国大学法学部卒業後は新渡戸稲造や後藤新平に随行して海外視察に同行していた。その後、後藤新平の娘と結婚、しばらく鉄道省に勤務した後、一九二四年には政治家を志して、衆議院議員選挙に立候補して落選。その自由な身から、歴史家のチャールズ・ビアードなどの推薦を受け、一九二四年の七月から一年余、米国に滞在して、日系移民に対する差別的な移民法に反対する講演を全米各地で行った。

八月末にはウィリアムス・タウンの政治学協会で「米国移民法の日本国民に与へたる衝動」と題した講演を行った。その中で鶴見は、日系の労働移民の規制を紳士協定で行っていたにもかかわらず、「米国移民法の通過は、米国上下両院が、日本帝国政府の誠実を疑ひたりとの感を、日本一般に與へた。」と。移民問題は、米国の国内問題ゆえ、「日本人中何人といへども、米国議会の権能を云々する者はない」が、その立法の精神に疑問がある。問題は、「日本が果して西洋諸国と同一待遇を受くるか、或は西洋各国との国交より疎外せられて、純アジア主義の牙城によらざるべからざるかの破目に陥るかの點」にあると指摘した。最後に、「日本は今日もなほ、米国を目して、西洋文明の先達なりとする。即ち人類の解放と四海同胞の大義とが米国国民の理想なりとして想望する。かかる日本の希望は空しきか。」として、演説を結ぶと、会場から万来の拍手が起こり、鶴見は再度演壇に戻って拍手に応えるほどであったという（鶴見、一九二七年、六九～七三頁）

また、フィラデルフィアで行われた日米問題討論会では、カリフォルニア州選出の排日派の議員であるマクフェー、日本で長く宣教活動をしていたギューリック、前駐日大使のモリスなどと一緒に講演を行った。参加者は、マクフェーには「冷たい聴衆の空気」を与えたが、鶴見には「寛大な拍手」を与えたので、マクフェーは「よい日本人の加州に来ることには反対しない」と弁明したという。また、モリス前大使が、紳士協定の内容を紹介した上で、「かかる一切の努力を一空に帰せしめたるものが今次の排日移民法の愚挙である」と語ると、会場から共感の拍手が寄せられた（鶴見、一九二七年、一五八～一六〇頁）。こうした体験から、鶴見は、アメリカ人の中にも日系移民差別的な移民法に反対する人々が多くいることを実感したという。

†浮田和民の日米非戦論

安部磯雄らとともに、早稲田大学における政治学の基礎を築いた人物として知られる浮《う》田《き》和民《かずたみ》は、在米日本人会参与の渡辺金三とともに、一九二五年に『日米非戦論』という本を出している。浮田は、熊本で結成された「熊本バンド」と呼ばれたプロテスタントの宣教集団の一員で、同志社英学校の第一期卒業生となり、イェール大学に二年間留学した後、早稲田大学の前身、東京専門学校で教鞭をとる傍ら、雑誌『太陽』の主筆を務めた。

その浮田にとって、一九二四年の米国移民法への反発から日米必戦論が盛り上がってい た事態は憂慮すべきと感じ、この本を出したのであった。この本の中で、浮田は、移民が過剰人口の処理策としては有効ではないし、移民問題で米国と争うことは日本の利益を傷つけるだけと主張した。また、日本が対中政策と移民政策の変更をしないと、米英との対立激化は必至だと警告するとともに、米国移民法の「排日条項」が削除されても、日本から一〇〇人位の渡米が可能になるに過ぎず、この問題で対米戦争を主張するのは「迂愚でなければ罪悪」と批判した（浮田・渡辺、一一～一二、一三三～一四〇頁）。

共著者の渡辺は、移民問題が悪化しても、日米貿易は拡大しているとして、第一次世界大戦前と一九二三～二四年の実績を比べると、米国から日本への輸出は六・四倍、日本の米国への輸出は三・八倍にもなっていると主張。移民法の修正は米国自身による努力を待つべきと主張した（浮田・渡辺、三〇五～三一〇頁）。

一九二〇年代半ばの世界は、ドーズ案やヤング案でドイツの賠償問題が解決して以来、「相対的安定期」を迎えていた。米国の経済も、自動車や家庭電化製品の販売にリードされた大衆消費社会化の波にのり、農業以外は好況であった。この好況に支えられて、一九二〇年代を通して共和党が政権を掌握し、「正常への復帰」をスローガンに、ビジネスの対外進出を助長していた。その結果、先に渡辺金三の指摘にあったように、日米の経済関係は拡大していたし、日本の都市では米国の大衆消費社会化の影響を受けて、「モボ・モガ（モダンボーイ・モダンガールの略称）」が闊歩していた。その上、一九二三年九月に発生した関東大震災に対して、米国から他国を圧倒する大量の支援物資が寄せられていた。それ故、日系移民問題を除くと、一九二〇年代の日米関係は比較的良好であった。

✝米国政府関係者の憂慮

米国政府関係者には、議会による日系移民を差別する移民法の可決で、日米関係が悪化したことを憂慮する人々がいた。例えば、ハーディング大統領の急死で、大統領に一九二三年八月に就任したカルビン・クーリッジは、翌二四年八月の共和党大会で大統領候補受諾の演説で、移民法問題に触れ、「本件は解決済みである。我々は何か移民以外の方法で日本国に対して感じている友誼と敬意を示す方法を探さねばならない」と語り、日米関係の改善に意欲をしめした。また、ジェファソン・キャフリー代理大使は、移民法以前には進んで便宜を図ったり、情報を提供してくれたりしていた日本の外務省が、移民法の成立後には、あからさまに不承不承応じるようになったという感想を述べた。また、日本生まれで、日本通の外交官であったユージン・ドゥーマンは、移民法によって「日本人は骨の髄まで傷ついた」と感じたという（廣部、九六〜九七頁）。

また、当時の米国では数少ないアジア専門家であったジョージ・ブレイクスリーは、「相当な汎アジア主義感情が、（日中両国や）アジアの他の地域の両方でいくつかの集団において近年発展してきており、そしてこの感情は、共通の人種的侮辱とみなされていることについての意識によって強化されてきた」と語り、アジアにおいて反西洋感情が高まっていることへの危険を指摘していた（廣部、一〇〇頁）。

しかし、一九二〇年代末になると、米国内の日系移民排斥運動は下火になっていった。一九二四年移民法を修正して、日系人にも移民枠を認めようとする動きが強まった。一九三一年九月一七日、ヘンリー・スティムソン国務長官は、出淵勝次駐米大使に対して、移民法改正の動きについて前向きに語ったという（廣部、一一八頁）。

第四章

中国の国権回復と米英ソ日の対応

5・4運動、北京の学生たち

1　中国の政権分立と国権回復運動の始まり

†辛亥革命後の中国と政権分立

一九一一年の辛亥革命によって清朝が倒れた結果、翌年一月に中華革命党の指導者である孫文を臨時大総統とする中華民国が南京を首都として建国された。しかし、この革命は清末に西洋の影響を受けて創設された新式軍隊や清朝時代の立憲派との妥協の産物であった。それ故、一九一三年一〇月には北洋軍閥の創始者である袁世凱が大総統に就任し、北京に首都を移すとともに、列強からの借款をバックに独裁体制を強め、一五年末には自ら皇帝への就任を宣言した。しかし、第一次世界大戦の勃発で、西欧列強からの借款が途絶えたため、政権基盤が動揺するなかで、一六年六月に急死した。

袁世凱の急死を受けて、北京政府の実権を握ったのは段祺瑞であったが、当時の中国には、地方的な軍隊に支えられた軍閥が跋扈しており、主なものだけでも段祺瑞を首領とする安徽派、張作霖を首領とする奉天派、呉佩孚《ごはいふ》を首領とする直隷派が存在した。これらの軍閥は、列強の支援をえて、北京政府の実権をめざして、抗争を繰り返した。例えば、一

図15　来日時の孫文（２列目中央）

九二〇年に直隷派は、英米の支持をえて、日本に支持された安徽派と戦ったが、奉天派の支持を得て、勝利した（安直戦争）。また、一九二二年には直隷派と奉天派の間で戦闘が始まり（第一次奉直戦争）、敗北した張作霖は東北地方に退却した。また、二四年には直隷派と奉天派の間で第二次奉直戦争が始まったが、同年一〇月に直隷派から国民党に転身した馮玉祥《ふうぎょくしょう》のクーデタによって、直隷派は北京を追われ、安徽派の段祺瑞を臨時執政とする連合政権が樹立された。

また、北京政府に対抗して、一九一七年九月からは孫文を大元帥とする広東軍政府が樹立されたが、ヴェルサイユ会議で山東半島の中国返還が否定された報に接した学生たちが抗議の声をあげた五・四運動に刺激されて、中華革命党は、大衆政党化をめざして中国国民党と改名した。二一年四月には孫文を大総統に選出し、第二次の広東政府を樹立した。孫文は、民族・民権・民生の三民主義を標榜するとともに、列強に対してこの第二次広東政府を中国の正統政府として承認するように要求した。

例えば、米国のハーディング政権に対しては、「中国における南北対立は、単なる国内の党派間の戦いではなくて、軍閥と民主主義の間の全国的闘争である。アメリカは民主主義の生みの親として、民主主義を奉ずる広東政府に援助を与えてほしい」といった趣旨の要請を送った（藤井昇三、二一八頁）。しかし、米国政府は、この時点では、広東政権を一地方政権としかみなさず、正式な外交関係は北京政府との間で維持した。

†中国共産党の結成と第一次国共合作

ロシア革命後、列強から干渉戦争の圧迫を受けていたロシア革命政府は、世界革命を助長することで列強に対抗しようとした。そのため、一九一九年三月に国際的な共産主義運動組織としてコミンテルンを結成し、各国にその支部の組織化を働きかけていった。中国では、一九二一年に陳独秀などによって中国共産党が結成され、労働者や知識人、学生を中心に影響力を拡大していった。

同時に、ソ連は中国国民党に対しても働きかけを強めた。孫文の方も、軍閥政府を打倒するためには、ロシア共産党のような組織性や計画性を身に付ける必要があると考え、二三年一月にソ連政府外交使節団長のアドルフ・ヨッフェと会談し、ソ連との交流を深めていった。とくに、腹心の若手将校であった蔣介石をモスクワに派遣し、ソ連の政治体制や赤軍を視察させた。帰国後、蔣介石は黄埔《こうほ》軍官学校を設置し、後に華北の軍閥を一掃する北伐のため主力軍を育成していった。また、二四年一月に開かれた中国国民党の全国大会で、国民党と共産党の共闘体制を構築するために、共産党員の国民党への入党を促進する「第一次国共合作」を決定した。以後、国民党は「連ソ、容共、工農扶助」の方針の下に活動するようになった。

その結果、国民党の組織活動は飛躍的に強化され、全国各地の商工業、農業、労働組合、教育界などの職能別に国民会議が組織されていった。二四年一〇月には、馮玉祥の部隊が国民軍と称して、北京の連合政権にも影響力を持っていたので、孫文は、国民会議の全国大会に参加するため北京を訪れたが、そのさなかの二五年三月に、病死した。「革命はいまだならず、……民衆を喚起して共同して奮闘せよ」という言葉が遺言となった（姫田ほか、三九頁）。

†北伐の開始と国民政府による全国統一

一九二五年七月、広東軍政府は機構再編され、広州に中華民国国民政府が組織され、国民党左派の汪精衛《おうせいえい》が主席に就任した。政府には工人部や農民部が設置され、国民党籍をもつ共産党員が主導した。また、政府の政治顧問にはソ連からミハイル・ボロディンが派遣され、軍隊に対する援助も行われた。このようなソ連や中国共産党の影響の強まりに反発するグループも登場し、「国民党西山会議派」などが結成された（姫田ほか、三九〜四〇頁）。

黄埔軍官学校で養成された士官を中心に一九二五年四月には国民革命軍が組織され、翌年七月には軍事力で北京政府の打倒をめざす「北伐」が開始された。東西二方向から進軍した北伐軍は、二七年一月には武漢に到達し、政府機関を武漢に移した。この武漢政府では国民党左派と共産党の影響力が強かったので、右派の蔣介石は、四月一二日に上海でクーデタを起こし、共産党系の武装組織を武装解除し、南京に新しい国民政府を樹立した。この南京政府の樹立は、武漢政府内部で国民党左派と共産党系の対立を激化させ、七月に至り、汪精衛らの国民党左派が共産党を排除して、九月以降、南京政府に合流していった。

その間、蔣介石は北伐の過程で一時敗北を喫し、政権を離れることもあったが、ほどなく復帰し、二八年六月には国民革命軍が北京を占領した。東北地方に逃れた張作霖は日本

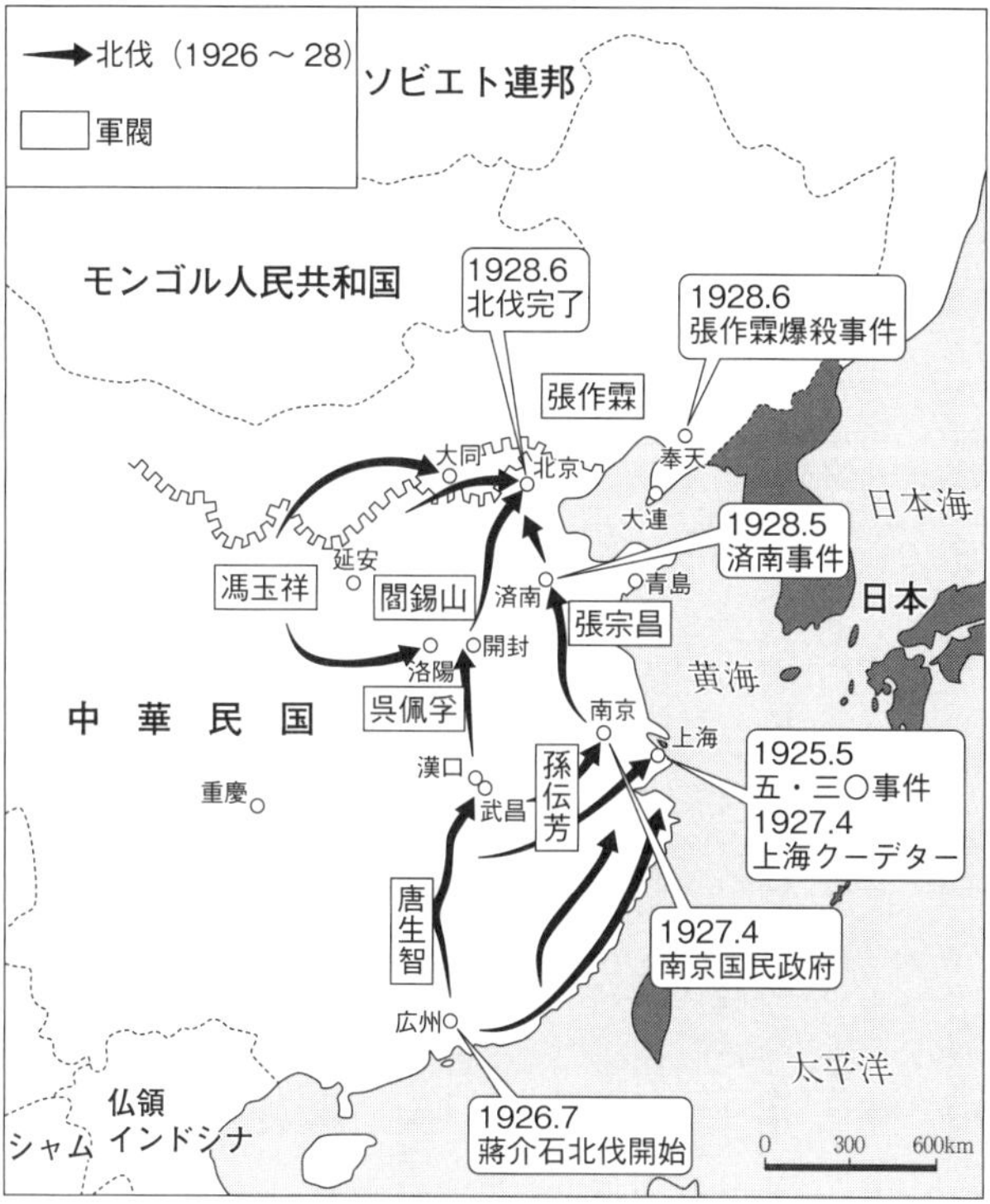

図16　1920年後半の中国（筒井清忠編『昭和史講義』より）

の関東軍将校による謀略で暗殺され、実権を引き継いだ息子の張学良は国民政府に恭順する姿勢を明らかにしたので、ここに中国は国民政府の下に統一されることになった（姫田ほか、四五〜四七頁）。

こうして、ようやく中国に統一政権が実現したわけだが、列強側は、どの時点で国民政府を中国の正統政府として承認するか、苦慮した。また、北伐の過程では、戦闘に外国の居留民が巻き込まれ、その生命や財産が脅威にさらされることもあったし、並行して進められた国権回復運動が実力で諸列強の利権を奪還しようとする動きをしめした。そのため、諸列強としては国民政府の承認をためらうケースも発生した。

†第一次世界大戦参戦と国権回復

中国は、アヘン戦争での敗北後に締結させられた南京条約以来、様々な不平等条約に苦しんできた。具体的には、関税の決定権を諸列強に奪われる関税自主権の喪失、中国にいる外国人が犯罪を犯しても中国の裁判所では裁けない治外法権、多くの都市に設定された外国租界や租借地、外国船舶の内水航行権、鉄道沿線や主要都市における外国軍隊の駐留権などがそれである。

これらの不平等な処置は、日清戦争で清が敗北し、巨大帝国の空洞化が明らかになると、一層強化され、それへの反発から発生した義和団事件では、その敗北の結果、さらにひどくなった。つまり、中国における不平等条約体制は、帝国主義時代の「旧外交」の典型であり、それに反発する民族運動の高まりは、不平等条約で奪われた国権の回復をめざすものとなった。

とくに、一九一七年八月に中国が第一次世界大戦に参戦した結果、敵国となったドイツやオーストリアが持っていた特権は自動的に否定されることになった。また、ヴェルサイユ講和会議に先立って、ウィルソン大統領が「一四カ条」の講和原則を提示し、その中に「民族自決」が含まれていただけに、中国ではこれを「公理」として歓迎するムードが高まった。しかし、実際の講和会議では、中国の対独参戦とともに、山東半島のドイツ利権は消滅し、中国に返還されるとの中国の主張は否定され、山東利権の日本への譲渡が認められた。その結果、中国ではヴェルサイユ条約の調印拒否を求める「五・四運動」が高揚し、以後、国権回復運動が恒常化していった（川島、二五〇〜二五九頁）。

†ロシア革命と旧ロシア利権の返還

一方、一九一七年のロシア革命では、革命政府が「無併合・無償金・民族自決」を講和原則として提唱した。ウィルソンの「一四カ条」では「民族自決」原則は東欧の諸民族にしか適用されていなかったが、ロシア革命政府はこの原則を普遍的な原理として提示したので、植民地状態に置かれた諸民族の間でもロシア革命に対する関心が高まった。とくに、一九一九年には外務人民委員代理のカラハンが、旧ロシア帝国時代の不平等条約を破棄し、東清鉄道利権などの返還を提唱したので、中国の知識人や学生の間でロシア革命への共感が高まった（ウラム、二〇七頁）。ただし、東清鉄道に関しては、一九二四年にソ連は張作霖と協定を結び、中ソの共同経営としたので、旧ロシア利権の完全返還とはならなかった。

一九二三年一月には、孫文とヨッフェの共同宣言で、ソ連は中国への「共産主義の輸出はしない」と約束し、国民政権への軍事顧問を派遣した。また、翌一九二四年には北京政府との間で国交回復の協定を締結したが、国民党政権への支援策は継続した。しかし、二七年四月に蔣介石が反共クーデタを起こし、国民政府から共産党系を排除したことは、ソ連の対中国政策の敗北を意味した。それでも、ソ連は国民政府への援助を継続したので、中国共産党は激怒したという（ウラム、二一三頁）。

ここには、ソ連の国益を重視する外交と世界革命を推進しようとするコミンテルンの戦略との矛盾が表面化したが、結局、ソ連の外交が優先された。この時期のソ連は「一国社会主義」を主張するスターリンの主導権が確立し、第一次五か年計画がスタートする前夜であった。

†修約外交と革命外交の並走

ヴェルサイユ講和会議は中国にとって不本意な結果となったが、列強に伍して独立した主体として自論を展開できたことは、中国にとって大きな自信となった。また、講和条約に基づいて発足した国際連盟において、中国は一九二〇〜二三年間、非常任理事国を務めた。こうした会議に代表を派遣した北京政府は軍閥の連合体としての不安定さを内包していたが、外交担当者には一定の連続性が担保されていた。その主な顔ぶれは、顔恵慶、顧維鈞、王正廷、施肇基などで、いずれも欧米の大学に留学し、英語に堪能であった上、特定の軍閥に依存しない中立性を保ったことで、外交専門家としての連続性が保証されていたという（坂野正高、六〇頁）。

この北京政府の外交官たちは、あくまで諸列強との外交交渉を通じて国権の回復を図ろうとした「修約外交」を展開した。それに対して、国民政府や中国共産党の場合は、「反帝国主義闘争」の一環に位置づけた国権回復運動を「革命外交」として展開した。しかし、このような実現方法の違いはあるものの、ヴェルサイユ会議に参加した北京政府の代表が「五・四運動」の高揚に刺激されて、講和条約の調印を拒否したように、この二つの外交手法は相互補完的に展開した面もあった。

また、第一次世界大戦後に独立した東欧諸国とは、平等条約を締結することができた。例えば、ポーランドやチェコスロヴァキアなどとであった。その上、中国がヴェルサイユ条約の調印を拒否したため、敗戦国のドイツとは改めて一九二一年五月に国交を回復する条約を結んだが、それも平等条約となった（川島、三三八頁）

†ワシントン条約と国権回復

北京政府は、ワシントン会議を国権回復の絶好のチャンスととらえ、財政事情が苦しかったにもかかわらず、一三五名を超える大代表団を派遣するとともに、ロバート・ランシングやポール・ラインシュのような著名人を外国人顧問として雇用して臨んだ。この会議には広東政府も単独の代表権を主張したが、北京政府は広東政府からの一名を含む混成代表団の編成しか認めなかったため、これを拒否し、ワシントン駐在員を使って、会議中自らの主張を宣伝した（坂野正高、二〇～二一頁）。

中国に関する九カ国条約では、中国の主権、独立、領土的・行政的保全（第一条）、商工業における門戸開放・機会均等（第三条）が条約として認められたことによって、国権回復要求の国際法的正統性が与えられた。その意義は大きかった。また、山東半島の返還がワシントン会議中に並行して行われた日中二国間交渉で合意されたが、中国側が強く求めた、山東利権以外の二一カ条要求に関連した条約の破棄は認められなかった。また、中国側が主張した関税自主権は議題とならず、会議終了後に関税会議を開催して、五％までの関税引き上げを協議することとなった。さらに、領事裁判権についても、現状を調査する委員会の発足が決定されただけであった。

それでも、中国民衆の間ではワシントン条約の効果に期待する声が強かったが、中国共産党はこう批判した。「帝国主義者が、その勢力圏内において——日本は北方において、イギリスは中部において、フランス、ベルギーはその他の方面において——その地の軍閥の力を集中し、経済的支配権力によって、進んでそれぞれ自己の支配する政治機関を作り、中国の分裂を実行する」と（藤井昇三、二五〇頁）。つまり、ワシントン体制は、列強が軍閥と結託して中国の分割支配に合意した体制であると批判し、国権回復運動の継続の必要性を訴えたのであった。

2　米英の帝国縮小戦略への転換

†五・三〇上海事件の発生

事件の発端は、上海の共同租界内にあった日系の紡績工場で中国人労働者による待遇改善を求めるストライキにあった。この労働者のストを支援する学生ら三〇〇〇人ものデモ隊に対して、一九二五年五月三〇日、上海共同租界の治安維持を担当していたイギリス人警官が発砲し、中国人四人が死亡し、九人が負傷した。その結果、抗議運動は、全国の条約港に飛び火し、租界提供の原因となっている「不平等条約の破棄」が叫ばれるようになった。この運動では、当初の標的は日本だったが、発砲がイギリス人警官だったことから、英貨ボイコット運動に発展していった（ニッシュ、八〇頁）。

図17　5・30運動（北京での集会）

この事件を受けて、北京政府は、改めて不平等条約の改正を列強に要求したが、北京に駐在する列強の公使団会議の多数意見は、中国の「内政上の必要に迫られた」ものとみなしたのに対して、フェルディナンド・メイヤー米国代理公使はこの改正を中国の「国民的希望」と受けとめた。また、ケロッグ国務長官は、クーリッジ大統領と協議した上で、治外法権問題に関する調査団を直ちに派遣すべきとメイヤーに指示した。さらに、六月三〇日には、駐米公使の施肇基が、ケロッグに沈瑞麟外務総長の伝言として「かつてジョン・ヘイが列強の利己的な侵華政策を制御したように、ケロッグが中国国権回復を力強く支援することで、……米国の中国に対する友情の象徴として中国人が両者を記憶するようになることを切望する」というメッセージを伝えた。（服部、二〇〇一年、一六一頁）

†新任公使マクマリーの主張

それに対して、着任したばかりのジョン・マクマリー駐中国公使は慎重な対応を求め、「ワシントン会議の規定を厳守するのが賢明であり、さらなる展開に関しては直ちに実行するのではなく、特別会議による勧告に留めるべき」と主張した。マクマリーは、一八八一年に職業軍人を父として誕生し、プリンストン大学の学部と修士を卒業後、一九〇七年に外交官試験に合格し、タイ、ロシア、中国などに駐在した職業外交官であった。その彼によれば、ワシントン会議は、会議以前に列強が獲得した利権の継承を認めたのだから、その見直しをするには条約国の新たな会議での合意が必要という意見であった。このように、米国政府内部でも、意見の分裂が生じていた。また、英国のチェンバレン外相は、七月中旬、中国の秩序回復と排外運動の鎮静化がなされない限り、「条約改正はもとより、一切の改革を議論する余地はない」と主張したという（服部、二〇〇一年、一六一～一六二頁）。

†米国宣教師団の警告

五・三〇事件に関連して、北米の宣教師団体の代表、五七名は、ケロッグ長官宛に「中国に存在している諸困難の恒久的な解決は、力の行使（ないしは力の誇示）によってではなく、関係者の友好的な会議によってもたらされる」との声明を送付した。また、米国のキリスト教界の有力誌『クリスチャン・センチュリー』の論説は、五・三〇事件に関して、「このような暴発がモスクワの陰謀のもう一つの証拠とみるのは馬鹿げています。……上海の暴発は、他国による自国の政治的・経済的両面での搾取を見てきたことによる、とくに中国の若者の側での怒りが高まった結果として起こったものです」（Borg, 1968, pp.71,72）と主張した。

また、一九二五年九月には、ジョンズ・ホプキンズ大学で中国に関係する人々によるシンポジウムが開催され、中国から帰国したばかりの、燕京大学学長で、牧師のジョン・スチュアートが講演し、こう述べた。「主として責任を負っている学生たちは、中国国民の中の最も敏感な部分です。この民族主義的な自覚は、長年の間に徐々に形成されたものですが、最近、驚くほど明確になっています。しかし、この自覚は、五月三〇日の上海で起こった発砲騒ぎを聞くや、直ちに明確で、暴力的なエネルギーをもった発酵体に変わりました。それは、高度に組織され、はっきり聞こえるものになっています」(Borg, 1968, p.75)と。

結局、この会議では、米国の利害を守るため軍事介入をすると、一層、中国人の民族感情を燃え上がらせることになると警告し、中国を平等に扱う国際会議での解決が必要との提言を出した。

さらに、一〇月二一〜三日にはニューヨークに外国宣教に関わる三二団体から八五人が集まり、中国に関して、①早期の治外法権廃止に賛成、②宣教師への特別待遇を望まず、中国人との同等待遇を希望、③中国の法律で宗教の自由の保証を希望、との決議を米国政府に提出した(Borg, 1968, p.78-79)。

†北京関税特別会議の開催

中国におけるナショナリズムの高揚は、列強をして、不平等条約改正に向け重い腰をあげさせた。一九二五年一〇月から北京で関税に関する特別会議が開催された。当時、段祺瑞内閣は財政逼迫し、外債の支払いに追われており、ワシントン条約で合意されていた関税引き上げや附加税の実施に関する会議の開催を求めたのであった。

会議に先立って、ケロッグ長官は、米国代表団長のサイラス・ストローンに、近い将来、中国に関税自主権の回復を容認し、領事裁判権の廃止も認めるとの意向を伝えていた。また、米国は、中国の友人として、他国が中国人から向けられてきた敵対意識の多くを免れてきた点を忘れないようにと指摘した。しかし、ストローンは、特権の維持を願う在中実業家の意向と撤廃を望む宣教師団の希望の板挟みになっていた。そこで、会議では、当面、税率の変更を提案し、将来、米中の新通商条約で関税自主権の回復などを検討する姿勢で臨むことにした（Ellis, pp.115-116）。

この会議の冒頭、日本全権の日置益《ひおきえき》駐中国公使は、従来の立場を転換し、中国の関税自主権回復に原則的に賛成だが、段階的に実施すべきとの態度表明を行って、他の参加国を驚かせた。ただし、輸入附加税の即時徴収には強く反対した。第一次世界大戦中に中国の綿工業が発達し、日本の綿工業と競争関係が発生していたので、この輸入附加税が導入されれば、日本からの輸出が減少する恐れがあったからである。また、附加税の導入で中国が得られる増収を日本からの借款の返済にあてさせるため、増収分の使途を列強が決定できる方策の導入を主張した。つまり、日本は、一般論としては、中国の関税自主権に前向きな姿勢を示しながら、附加税の導入という北京政府が当面重視していた課題については強硬に反対する姿勢を変えなかった。入江昭は、この点を幣原外交の「硬直性」と評価した（入江、八三頁）。

英国代表は、中国国内の地方税である釐《り》金《きん》の撤廃を条件として関税自主権の回復に賛成し、ワシントン条約の合意である二・五％以上、一二・五％までの関税を許容する姿勢を示した。つまり、各国の対応は分かれたが、結局、二九年一月から中国の釐金廃止を条件に関税自主権回復を原則的に承認するとの合意が成立した。その後、協議は当面の関税率の上げ幅や附加税の課税方式の議題に移ったが、その最中にクーデタが発生し、段祺瑞政権が倒れたため、会議は流会となった（入江、八六頁）。

†英貨ボイコットの激化と英国の政策転換

五・三〇事件に続いて、六月二三日に広東の沙面で中国人のデモ隊がイギリス兵やフランス兵との間で一層激しく衝突した。この事件をきっかけに英貨のボイコット運動が激化し、英国の対中貿易は大きな打撃を受けた。例えば、英国の一九二五年の対中輸出は、前年より三〇％強減少した。また、八月末には、広東でイギリス人が操縦するフェリーがデモ隊に乗っ取られる事件が発生、九月初めには揚子江上流で英国船が乗っ取られ、戦闘に発展し、イギリス人が死亡する事件が発生した（Chow, Bpp.149,187-8）。

これらの衝突に対して、英国政府内では、武力による英貨ボイコット運動の鎮圧論が台頭したが、外務省は逆効果だとして拒否した。折から、北京で関税特別会議の開催が発表され、国民政府は、北京の会議には招かれていなかったが、英貨ボイコットの終結を宣言した。この宣言を受けて、ボイコット運動が終息したため、英国政府も歓迎し、対中政策の見直しを始めた。その結果、英国政府は、一二月一八日に次のような声明を発表した。「中国における政治的な分裂に続いて、国家間の平等な地位を求める、強力な国民党運動が発生した。……列強は、中国の経済的政治的発展が外国の保護の下でのみ保証されるといった考えを放棄するべきであり、中国が新しい全国的な関税を設定し、それを宣言したらすぐ、中国に関税自主権を享受する権利があると認める用意があると宣言すべきである」（Chow, pp.189-193）と。

このような英国政府の政策転換を受けて、中国民衆は、一九二七年一月に漢口と九江の英国租界を実力で奪還する行為にでたが、英国政府は抵抗せずに受け入れた。つまり、英国政府は、関税自主権の回復という不平等条約の改正だけでなく、租界の返還にも、一部、応じ始めたのであった。これは、明らかに、それまで英国が中国で採用してきた、武力を背景とした、様々な利権拡大政策を転換させ、帝国縮小政策に転換したことを意味した。

同時に、この政策転換は、ワシントン条約の他の締約国との協議なしに実施されたので、日本が「独善的」と批判したように、「ワシントン体制」動揺の一因となった。

†ポーター決議案とケロッグ声明

英国政府の政策転換を受けて、米国議会では、下院外交委員会の委員長であるステファン・ポーターが、一九二七年一月四日に、中国との条約改正交渉の開始をもとめる決議案を上程した。その前文には、「中国人民は、一九一二年に採択した共和政体を強固にして効率的な基礎の上に置こうとする努力に関し、合衆国が供与する適切な援助および激励を享受し得るものとする。……合衆国は長年にわたり率先して、中国を正当に処遇するように行動してきた。特に中国における門戸開放の原則を、強固、確実に定着させようとしたのである。……極東の現情勢は、アメリカ合衆国が他の諸国との紛糾した関係から自由になる適切な時機である。これら諸国の利害と政策とは異なるものである。」（ウォルドロン、一二四〜一二五頁）と明記されていた。

ここでも、中華民国の成長を歓迎する意向が示され、条約改正の促進が求められていた。このような議会からの要請に応えて、ケロッグ国務長官は、一月二七日に次の声明を発表した。

「……合衆国政府は、中国の民族的な自覚を好意と関心をもって注視してきた。そして中国人民の政治組織の再建に向かっての前進を歓迎する。……我が政府は、最も寛大な精神で中国と交渉することを希望する。我々は、中国内で租借地を所有していないし、これまで同国に対し、いかなる帝国主義的態度もとってはこなかった」と(ウォルドロン、一三三〜一三四頁)。

この声明では、「帝国主義的態度」を軍事力による領土拡大を図る「古典的」タイプに限定して理解し、経済進出に重点をおく「門戸開放政策」を除外して考えるアメリカ人特有の発想が前提とされている。しかし、それにしても、米国が中国に租界を持たず、問題は不平等条約の改正に限定されていたので、政策転換がやりやすかった面もあった。

†南京事件の発生

一九二六年七月から北伐が始まり、二七年三月二四日には南京に入城した国民革命軍の一部が「反帝国主義のスローガン」を叫んで、領事館など外国人関連施設に侵入し、略奪を繰り返す事件が発生した。南京大学副学長のアメリカ人一名、ヨーロッパ人五名の死者が出る中、英米両政府は海軍の砲艦から発砲し、多くの中国人に犠牲者がでた。また、米英海軍は、スタンダード石油会社の施設に避難していた多くの外国人を救出した。日本政府にも共同の軍事介入が提案されたが、幣原外相は蔣介石らの国民党穏健派による事態の収拾に期待して、共同の軍事介入を拒否した。そのため、日本国内では幣原外交を「軟弱外交」と非難する声が高まった（Burns, p.40、入江、一二六頁）。

この南京事件の結果、米国政府内部では、内陸部の「危険地帯」にいた大勢のアメリカ人を海岸地帯に避難させる動きが進み、五月末までに内陸部の四領事館が閉鎖された。また、駐中国公使のマクマリーは、米軍の増派や英軍との共同制裁の実施を提案したが、ケロッグ長官から、武力行使は中国では「決して容認されないだろう」として、却下されたので、マクマリーは公使の解任か辞任の時期が近いと覚悟したという（Burns, p.40）。

他方、米英日の外交団は、蔣介石に対して南京事件の責任者の処罰、謝罪、賠償を強く要求した。これを受け、蔣介石は、南京における襲撃や略奪の責任が中国共産党などの左派にあると判断して、中共南京支部の閉鎖を命じた。つまり、南京事件は、国民党の内部で、左右の対立を激化させ、翌四月に上海で蔣介石が左派の武装組織の武装解除を強行した反共クーデタへの伏線となった（入江、一三四頁）。

†中米新通商条約の調印

南京事件では南京に駐在したアメリカ人などを保護するために短期的な軍事介入をした

クーリッジ政権であったが、中国との不平等条約を撤廃する姿勢に変化はなかった。ただし、領事裁判権の撤廃には、中国側の司法制度整備に時間がかかるため、当面、関税自主権の回復に限定した交渉が進展した。しかも、一九二八年六月には国民革命軍が北京に入城し、七月七日に国民政権は中国統一の実現を宣言するとともに、不平等条約撤廃の交渉開始を要求した。それに対して、米国政府は真っ先に応え、七月二五日には中国の関税自主権を承認する新しい通商条約に調印した。この調印は、国民政府を中国を代表する正統政府として承認することも意味した。英国も、同年一二月には中国の関税自主権を承認する新関税条約に調印した。日本は、北京関税特別会議で中国の関税自主権回復を「原則的に」承認する意向を表明していたが、新条約の締結には踏み切れず、米英から孤立する様相を強めていた（細谷、斎藤、一九七八年、三二一〜三三三頁）。

つまり、クーリッジ政権は、中国における居留民保護のための短期的な軍事介入は実行しつつも、不平等条約の撤廃で対中関係を改善する姿勢は変えなかったのであるが、英日などに先駆けて、中国の関税自主権の承認や国民政府の承認に踏み切った行為は、ワシントン条約で見られた列強協調の姿勢を放棄するものとして、米国政府内部でも、マクマリー駐中国公使から強い反発を招く結果となった。

†マクマリー覚書の発見

マクマリー駐中国公使は、中国との不平等条約の撤廃交渉の進め方や南京事件などへの武力介入の程度などをめぐって、しばしばケロッグ国務長官と対立し、自説が却下されてきたのは、すでにみたとおりである。結局、彼は、フーヴァー政権になってから、一九二九年末に駐中国公使を辞任し、ジョンズ・ホプキンズ大学の国際研究所に移動するが、一九三五年に極東担当の国務次官補であったホーンベックに頼まれて「極東情勢の展開とアメリカの政策」と題する覚書を提出した。

この覚書は、ホーンベックに評価されず、お蔵入りしていたが、一九八〇年代初めになって海軍大学教授のアーサー・ウォルドロンに発見され、日本語訳が一九九七年に出版され、内容が戦前の日本に好意的であったので、日本でも注目されるようになった。ただし、この覚書を提出した時点ではマクマリーは民間人であったので、直接、米国の外交政策に影響を及ぼした文書ではなく、「ワシントン体制」に関する米国では珍しい見解として位置づけられる。

この覚書で、マクマリーは、こう指摘していた。「中国に好意をもつ外交官達は、中国が、外国に対する敵対と裏切りをつづけるなら、遅かれ早かれ一、二の国が我慢し切れなくなって手痛いしっぺ返しをしてくるだろうと説き聞かせていた。……しかしこのような友好的な要請や警告に、中国はほとんど反応を示さなかった。返ってくる反応は、列強の帝国主義的圧迫からの解放をかちとらなければならないという答えだけだった。それは中国人の抱く傲慢なプライドと、現実の事態の理解を妨げている政治的未熟さのあらわれであった。……協調政策は親しい友人たちに裏切られた。中国人に軽蔑してはねつけられ、イギリス人と吾々アメリカ人に無視された。それは結局、東アジアでの正当な地位を守るには自らの武力に頼るしかないと考えるに至った日本によって、非難と転蔑（引用者注――軽蔑の誤植か）の対象となった」と（ウォルドロン、一八一～一八二頁）。

†マクマリー覚書の意味

保守派の職業外交官であったマクマリーからすれば、政府間の外交交渉ではなく、国権回復運動という大衆運動でワシントン会議での合意に変更を迫ることは「敵対と裏切り」に映ったのだろう。しかし、ワシントン条約では、「中国の主権、独立、領土的・行政的保全の尊重」が認められたのであるから、中国人からすれば、この原則を根拠に列強に対して国権の回復を迫ったのも当然の成り行きであった。

他方、ワシントン会議では列強がそれまでに「合法的に」獲得した利権の変更については、山東半島の返還以外は交渉されなかったのも事実である。その結果、「ワシントン体制」を列強が協調して中国におけるかれらの既得権を守る体制とする理解も生じ得るだろう。マクマリーもそう理解した面が強い。つまり、ワシントン条約には、列強の在中既得権の容認と中国の主権尊重という矛盾した側面があったのであり、マクマリーの提言に意味があるのは、米国政府が単独で関税自主権を中国に認めるのではなく、列強の協調体制を維持して、新ワシントン条約のようなものを追求すべきであった、という点であろう。しかし、その場合、中国の急進的な国権回復の要求に対応する点で、果たして列強間の足並みがそろったかどうかという難問が浮上しただろう。とくに、一九二七年中に米英が中国との不平等条約の改定に応じる姿勢に転じたが、満蒙の「特殊権益」の保持に固執していた日本がそれに同調できたかどうか、が焦点となるだろう。

マクマリーは、中国側の国権回復運動を、ワシントン条約の列強協調体制を「軽蔑」するものとして非難している。確かに、中国側の運動の中には、在中外国人を殺害し、その財産を略奪するという、当時の国際ルールに照らしても非難されるべき側面もあったのは事実である。だからと言って、中国の国権回復要求の正統性を否定することはできないだろう。第一次世界大戦終了後には、民族自決を尊重する「新外交」が登場し始め、それが国際条約でも承認され始めていたからである。

3　第一次幣原外交と中国の国権回復運動

†護憲三派内閣の成立と幣原喜重郎の外相就任

明治時代の政権の多くは、長州や薩摩の派閥や軍をバックにした政権であったため、大正初期から、選挙で多数を占めた政党による内閣の成立を要求する護憲運動が高揚した。また、同じころ、財産資格を除いて、成人男子一般に選挙権を付与するように要求する普選運動も盛り上がりを見せた。その結果、一九二四（大正一三）年に成立した加藤高明内閣は、加藤高明をリーダーとする憲政会、犬養毅を代表とする革新倶楽部、高橋是清を中心とする立憲政友会の護憲三派の連合政権として成立した。

加藤高明は、第二次大隈内閣の折、中国に対して二一カ条要求を突き付けた外相で、国際的な非難を浴びた人物であったが、自らの内閣の外相には国際協調派の幣原喜重郎を起用した。幣原は、ワシントン会議の折に駐米大使として、全権代表の一員となり、以後、第二次加藤高明内閣（一九二五年八月～二六年一月）と、第一次若槻礼次郎内閣（二六年一月～二七年四月）、浜口雄幸《はまぐちおさち》内閣（二九年七月～三一年四月）、第二次若槻内閣（三一年四月～一二月）

まで、合計四年半も外相として国際協調外交を推進した人物となった。

幣原は、就任直後の外相演説で外交の基本方針をこう説明した。「帝国の外交はわが正当なる権利利益を擁護するとともに列国の正当なる権利利益はこれを尊重し」と。また、対中国政策に関しては、「シナの内政にわれわれは関与しない。日本はシナの合理的な立場を無視する行動はしない。と同時に、シナも日本の合理的な立場を無視するがごときなんらの行動をとらないことを信ずる」と（岡崎、三〇八〜三〇九頁）。

つまり、幣原は、中国も含めて、国家間の相互利益の尊重による国際協調外交をめざしていたのであるが、ここで問題になったのは日中における「合理的な立場」とは何か、であった。特にこの加藤高明内閣の下で、日本では、治安維持法と抱き合わせの形で、普通選挙法が成立したので、政治家は一般大衆の声に一層敏感になっていった。

†中国の軍閥戦争と幣原外交

一九二二（大正一一）年一〇月に日本軍がようやく北樺太を除いたシベリアから撤兵したが、日本国内では、依然としてソ連や国際共産主義運動（コミンテルン）に対する脅威感が強かった。しかし、幣原は、極東の安定には日ソの国交正常化が必要と考え、一九二五年一月に日ソ基本条約に調印し、国交を回復するとともに、北樺太から日本軍を撤退させた。

しかし、中国との関係では難問が待ち構えていた。北京政府が中国を代表する政権として国際的に認知されていたが、その北京政府を支える軍閥間の抗争が絶えなかった。また、広東に成立した国民党政権は、ソ連や中国共産党の支援を受け、「革命的な手段」による国権回復運動を展開していて、中国を代表する政府としては認知されていなかった。

そうした中の一九二四年九月に、呉佩孚率いる直隷派と張作霖率いる奉天派の間で戦闘が勃発した。第二次奉直戦争である。この戦争に対して、日本政府内では、農商務大臣の高橋是清などが東三省（満州の黒龍江省、吉林省、遼寧省）への戦火の波及を恐れて張作霖を支援すべきと主張した。また、護憲三派内閣の一角を占める政友会は張作霖支援を主張したが、幣原は中国内政への不干渉を強く主張した。当時、幣原は、パリ講和会議以降の国際政治では「兵力の濫用を排斥し、侵略主義を否定し、万般の国際問題は総て関係国の相互尊重と全世界人類の諒解とを以て協力処理せんとする機運に向って進みつつある」と考えていた（服部、二〇一七年、一一五頁）だけに、中国の内政への不干渉を貫く姿勢には強固なものがあった。

閣内不一致に困惑した加藤首相は、幣原に翻意を促したが、幣原は辞意の表明までしたので、加藤首相は「君がそれほどの決意ならば、自分は中国内政不干渉を一貫することに異議はない」として、不干渉を閣議で決定したという（幣原、一一一頁）。

しかし、陸軍の出先機関では、密かに土肥原賢二中佐が、直隷派の馮玉祥に一〇〇万円もの金を渡し、クーデタの敢行を助長した。そのため、呉佩孚軍が総崩れとなる形で第二次奉直戦争は終結した。つまり、日本政府としては、表向きは不干渉政策を貫いたつもりであったが、裏では陸軍の出先機関が別な動きをしていたのであった。このように一九二〇年代の日本の対中外交では、外務省と陸軍との「二重外交」が展開されたのであり、陸軍中央も出先機関の独走を黙認する風潮が強かった（笠原、二〇二〇年、四九〜五〇頁）。

†郭松齢事件と関東軍

一九二五（大正一四）年一一月に発生した郭松齢事件でも同じような二重外交が発生した。郭は張作霖の部下であったが、国民革命に共鳴して、張作霖に対する反乱を実行した。それに対して、関東軍は、郭の勝利は「満州の赤化」につながると考え、日本政府に張作霖軍への支援を進言したが、幣原はここでも不干渉を主張し、宇垣一成陸相も賛成したので、閣議として不干渉を決定した。

しかし、関東軍は、満鉄沿線の関東軍の防衛地域に郭軍が進入することを禁止したため、当初、優勢だった郭の軍隊は敗退し、満州における張作霖の支配が継続されることになった（笠原、五〇頁）。つまり、関東軍は、陸相の意向に逆らって、張作霖を支援したのであり、陸軍中央の意向が無視された形になったが、何の処分もなかった。満州事変でも関東軍幹部の謀略を陸軍中央が追認する過程が繰り返されたが、中国戦線ではこのような軍規の乱れがしばしば繰り返された。幣原も、中国内政への不干渉を極めて強く主張したのだから、その主張を中国駐在の陸軍出先機関に従わせる方策についても、同時に考える必要があったが、現実には、二重外交が放置される状態が続いた。

†上海での五・三〇事件と日本

一九二五（大正一四）年二月上旬から上海にある日系の紡績工場（在華紡）でストライキが発生し、五月三〇日にはこれを支援するデモ隊が膨れ上がる中で、英国管理下にあった上海租界警察がデモ隊に発砲する事件が発生した。以来、中国人の反発は英国に向かっていった。英国は、デモの背後に中国共産党の影響があると考え、日本に共同での取り締まりの強化を提案した。

在上海の日系経済団体も、英国との共同介入を希望したが、幣原は、ここでも内政不干渉の姿勢を変えず、英国政府の提案を拒否した。その結果、ワシントン条約で示された列国協調は崩れ始め、中国の国権回復運動に対してはそれぞれ独自に対応してゆくことになった（筒井編、二〇一五年、二一〇頁）。

†北京特別関税会議と日本

ワシントン会議の定めにより、一九二五年一〇月から北京で始まった関税特別会議に、日本は、日置益駐華公使を全権に、幣原の側近である佐分利貞男通商局長を事務総長とする代表団を送り込んだ。

この会議に首席書記官として参加していた重光葵《しげみつまもる》によると、彼は「対中国政策転換の必要を主張した急先鋒であった。中国の合理的主張である自主権回復をこの際承認すべきだと強硬に主張した。この主張は事務総長である佐分利貞男の信任を得ていた。……関税会議の劈頭に行った日置全権の有名な演説も、主として佐分利事務総長の考案したものだった」（重光、二〇一一年、八〇頁）という。

結局、この会議では、中国国内の地方税である釐金の廃止を条件に関税自主権を一九二九年一月より承認することが合意された。その後、自主権承認までの暫定措置に関する協議に移ると、参加国間の意見対立が表面化した。中国側は、ワシントン会議で承認された二・五％の附加税の即時実施を要求し、英米は妥協する姿勢をしめしたが、日本は、日本が提案していた七品目に税率を区分する案の障害になるとして、拒否した（筒井編、二〇一五年、一二三頁)。また、増税によって中国が得る税収の使途に関して、日本側は、一九一八年に段祺瑞政権に提供した西原借款の返済にあてるように主張し、米英との間で激しく対立した。

しかし、この会議中に北京ではクーデタが発生し、段祺瑞政権が倒れたため、会議は具体的な成果をあげないまま、流会となった(入江、八七頁)。また、この会議と並行して治外法権の撤廃に関する委員会も開催されたが、一九二六年九月の報告書によると、中国において統一的な法制度や近代的な司法制度が未確立であるため、すぐには撤廃できないとの結論になった。

つまり、この会議では関税自主権の原則的な承認などの方向性がしめされたものの、具体的な成果はなしに終わった。入江昭によると、この会議は「中国と列国が協同して東アジアに新しい秩序を見出そうとした最後の機会」になったのであり、以後、「ワシントン会議参加国」という「一つのグループ」は存在しなくなったという(入江、八八~八九頁)。

†南京事件と幣原の不干渉政策

一九二六(大正一五)年七月、蔣介石指揮下の国民革命軍は北伐を開始した。二六年九月には揚子江中流の漢口が占領され、外国人に対する暴行事件も発生した。翌年一月末に加藤首相が死去し、代わって若槻礼次郎内閣が発足、幣原は引き続き外相にとどまり、中国に対する不干渉政策の継続を表明した。他方、一九二七年一月、日華実業協会や大阪紡績連合協議会は、「今日のごときシナの不合理な行動に対しては、もし列国協調がダメならば日本だけでも単独出兵すべきだ」との声明を出した（岡崎、三五七頁）。

一九二七年三月、南京に入城した国民革命軍の一部が外国領事館や居留民を襲撃する事件が発生した。その折の状況を幣原はこう回想している。「蔣介石軍はそれから揚子江を下って南京へ入った。この軍隊はにわか仕立ての兵隊や、あるいは共産分子もいて、南京につくなり、外国人と見ると、盛んに暴行、略奪をやった。英米人中にはそれぞれ一、二名殺害されるものもいた。日本居留民は幸い殺害を免れたが、他国民同様、徹底的の略奪にあった。」（岡崎、三三三頁）。

この事態に英国政府は、日本に対して共同出兵を提案してきたが、幣原は、不干渉姿勢を貫いた。南京近郊に停泊していた英米の軍艦は威嚇の発砲をしたが、日本の軍艦は発砲を自制した。そのため、日本国内では幣原外交を「軟弱外交」と非難する声が高まった。

†幣原の弁明

この南京事件について、幣原はこう弁明している。

「当時何人が言い出したか知らないが、何でも幣原外相が日本の砲艦に発砲を禁ずる訓令を発したとの風説を流布した者があった。私が軍艦の行動を指揮する立場にいなかったことは、申すまでもない。あれは南京の居留民が、シベリア出兵のとき、ニコラエフスクで日本居留民の大虐殺が行われたのを伝え聞いて、もし日本の軍艦が発砲したら、ことはそれだけで済まない。いまでは暴行略奪に止まっているが、今後は生命に危害を加えるかもしれない、と居留民が艦長に泣きつき、『どうか我慢して発砲しないで下さい』と嘆願した。『よしッ』といって、艦長は快く引き受けた」（幣原、一一七〜一一八頁）と。

幣原の伝記を執筆した岡崎久彦は幣原のこの主張を事実として、こう記している。「有能な官僚出身の幣原が、あれだけ面倒な問題である統帥権に不用意に介入するはずがない。また、数の少ない英米人ならば特定の場所に避難できるが、砲艦一隻で在留邦人全部を保護できるはずもなく、艦長の措置も妥当である。ただ、領事館に赴いた日本の海軍大尉が居留民とともに暴行を受け、そのときは艦長の指示を守って抵抗しないで堪えたが、帰艦後、帝国軍人として屈辱に堪えないと割腹した事件もあり、世論が激昂したのである」（岡崎、三三五頁）と。

†武力不介入の意図

この南京事件後、国民革命軍は上海に接近し、共同租界には避難する外国人が殺到し、ここでも英国は、治安維持のため、日本に共同出兵を提案したが、幣原は同調しなかった。当時、上海総領事であった矢田七太郎は、外相あての電文でその不出兵の意図に関連して、こう述べていた。「在支邦人及び外国人の生命、財産の効果的なる保護の最も確実なる保障は、不平等条約体制を維持し続け居る列国と国民政府間の険悪なる現関係の根本原因を除去するにあり」（ニッシュ、八三頁）と。

つまり、国民革命軍の北伐中に発生する暴行・略奪の根本原因は、不平等条約や外国租界などによって中国の主権が侵害されている現状にあり、その原因を放置して、武力介入で治安を維持しようとしても逆効果だと、当時の外交官は考えていたのである。また、もう一つの動機として、北伐時の暴行・略奪には共産勢力による「反帝国主義闘争」の側面があると考え、反共の立場をとる蔣介石への配慮から武力介入を自重した面もあった。

事実、四月一二日に蔣介石は、共産党系の労働団体である上海総工会の武装組織を武装解除し、流血の惨事が発生した。同様の動きは南京、広州などでも発生し、第一次国共合作は崩壊した。蔣介石としては、北伐の過程で繰り返される中国共産党による「反帝闘争」を大義名分とする暴行・略奪が列強から強い反発を招く事態を放置できなかったのであろう。蔣介石によるこの「反共クーデタ」の結果、国民党政権に対する中国共産党の影響は激減することになった。

†不干渉政策と第一次若槻内閣の崩壊

幣原による中国の内政不干渉政策は、ワシントン条約で決められた中国の主権尊重原則に配慮したものであったが、同時に、在外自国民の保護は本国政府の基本的な義務でもあり、この二つの原則間のディレンマに幣原は立たされていた。それ故、英米両国は、一九二六年末から二七年初めに中国における不平等条約の解消を認める方向に政策転換したものの、その後に発生した南京事件に対して、居留民の生命保護のための軍事介入を実行したのであった。

本来、在外居留民の保護は、居住地政府の責任であるが、その政府に治安維持の能力がない場合には、本国政府としては、在外居留民を紛争地から一時避難させるとか、緊急の場合には在外居留民の生命保護のための一時的な派兵もありえたのだろう（伊香、九九頁参照）。しかし、幣原は、英米両政府からの共同出兵の提案があったにもかかわらず、この提案を拒否したことは、幣原が本来重視してきた英米協調外交に矛盾するものであった。その上、日本国内では、野党の政友会などから「軟弱外交」との非難を浴びた上、軍部との間の溝も広げることになった。

特に、陸軍は中国国民党政府へのソ連や中国共産党の影響拡大を危惧していたため、四月七日に陸軍次官の畑英太郎少将が政府に次のような申し入れをしたという。「第一、列強間の対支協調を緊密ならしむることに今日迄よりも更に歩を進むること、……第二、列強間の協調によりて共産派を包囲すべき政策をとること……」（ニッシュ、八四頁、ひらがな表記は引用者）。

つまり、陸軍としては、英米とともに中国に軍事介入して共産勢力の影響拡大を阻止すべきと考えていたのであった。このような武力介入方針は、幣原の対中不干渉政策とは根本的に対立するものであった。ここに、対中政策をめぐる閣内不一致が拡大していたが、加えて、倒産の危機に直面していた台湾銀行への救済策が、天皇の諮問機関である枢密院によって否決されたため、若槻内閣は、四月一七日に崩壊した。

†第一次幣原外交の功罪

若槻内閣に代わって、対中強硬策を主張する政友会総裁の田中義一を首相とする内閣が発足するが、英米では一九二六年末以来、中国の不平等条約の解消にむけて、「帝国縮小戦略」への転換が図られていただけに、日本は正反対の方向を選択する結果となった。

ここに、第一次幣原外交は幕を閉じることになった。彼は、中国の主権尊重の姿勢を一貫させていたし、米英との協調も重視していたのだから、若槻内閣が継続していれば、幣原外相のもとで、中国の不平等条約を解消する実績をあげ、中国の日貨ボイコット運動などの沈静化に成功していた可能性はあったのではないか。その際、若槻内閣が存続するためには、在中邦人の保護のために、英米と一時的な共同派兵を選択し、日本国内での「軟弱外交」批判をかわす選択肢もあったのではないだろうか。当時の幣原は、政党には属しておらず、選挙の荒波にもまれる心配もなかったので、国内政治への配慮に欠ける面があった。それは、米国の日系移民排斥法問題への対応にも表れていたが、この北伐期の中国政策でもその欠陥が露呈したといえるだろう。

4　中国の国民革命と日本社会の反応

†日本人の中国国民革命イメージ

中国の国民革命は、広州に国民党政権が成立した一九二五年七月から国民革命軍が北京に入城した一九二八年六月までとみるのが一般的であろう。この革命は、地方の軍閥政府を打倒して中国を国民党政権の下に統一することと、古い体質を残す軍閥を打倒して、孫文の三民主義に由来する民主化を達成することの二重の課題を担っていた。その過程では、国権の回復のために列強に対して、外交交渉だけでなく、外国製品ボイコットなど民族運動によって圧力をかける「革命外交」の手法が採用された。また、北伐の過程では、中国に滞在する外国人の生命や財産が危機に瀕することもあったので、列強側では中国に対して強い反発が発生した。

特に、日本では、日清戦争で清に勝利して以来、中国人の統治能力を軽く見る風潮が強まっていただけに、中国が自己主張を強めてきたことに対する戸惑いや反発の感情が噴出した。そのため、中国側の国権回復運動には、不平等条約の改正など、日本も悲願としていた正当な要求が含まれていたにもかかわらず、それを「排日」とか、「反日」として全否定する風潮が強まった。中でも「対支膺懲論《ようちょう》」は「悪人を征伐する」意味であったので、対話ではなく、軍事力で中国側の運動を鎮圧することを正当化する世論を強める効果をもった。

†大アジア主義者のディレンマ

しかし、日本の大アジア主義者の中には、中国革命に共感して、日中が連携してアジアの解放を推進すべきと考えた人物もいたので、「対支膺懲論」をとることは大きなディレンマであった。

例えば、一八八一（明治一四）年に玄洋社を創設した頭山満は、孫文とは親しい仲にあり、辛亥革命を支援しただけに、日本の「二一カ条要求」には反対した。しかし、一九二四年一一月に孫文が来日して、神戸で有名な大アジア主義の演説をした中で、日本に対して「西洋の覇道の手先」にならないように忠告した背景には、頭山が満州における日本の特殊利権の還付に「オイソレとは応じられない」と発言したことへの不満があったと、田原総一朗は推定している（田原、二三六頁）。

つまり、アジアの解放と日本の在中利権の確保が衝突する場合には、後者を優先する本音を頭山は露呈したのであり、大アジア主義者の多くは、日本の在外利権確保と両立できる論理として、日本を「盟主」とする「大アジア主義」の主張に変化していったのだろう。

✝北一輝と中国の国権回復運動

辛亥革命を現地で目撃し、その実相を伝えるために、『支那革命外史』を一九一五（大正四）年に刊行した北一輝の場合、そのディレンマは一層大きいものであった。北は、辛亥革命の指導者の一人であり、『民立報』の主筆であった宋教仁《そうきょうじん》の要請で、一九一一年一〇月から一三年四月まで中国に滞在し、辛亥革命の展開を身近に観察した人物であった。

それだけに、日本の「二一カ条要求」に関しては、六年後に刊行した『支那革命外史序』の中で、「二十一ケ条の対支交渉を遺憾限りなしとし又、対支政策及び対外政策の全局に於て日本は日英同盟に拠るべからず日米の協調的握手にあること」を『支那革命外史』で指摘したと書いている（北、二〇〇五年、五四六頁）。

しかし、一九一九（大正八）年に書いた「ヴェルサイユ会議に対する最高判決」の中ではこう記している。「講和会議に於ける英米の提携――現時の支那に於ける英米提携の排日運動――を大きくする時は――英米同盟の日本叩き潰しといふ元寇来の恐怖を推論することが出来ます。小生はパリと支那とに於ける米人の排日的行動に感情を刺戟せられて、而も此間に漁夫の利を占めつつある英国を忘れんとする日本の現状を見て深甚なる憂惧を抱く者です。」（北、二〇〇五年、五四三〜五四五頁）と。

また、北が二・二六事件で逮捕された時の憲兵隊調書では、「私は、支那を救ふには支那の力では駄目で、日本の正義と実力とを以てしなければ他に道はないと云ふ事を痛切に感じました。」（田原、四五四頁）と述べている。

つまり、北は、中国の「排日運動」の背後には米英が存在して、元寇のように日本を「叩き潰」そうとしていると把握している。また、中国には自治能力がないと考え、中国の「排日運動」は中国固有の要求でなく、米英に唆されてやっていると把握して、「排日運動」への対抗を合理化したのであろう。北一輝の評伝を書いた松本健一が「北一輝は徹頭徹尾ナショナリストである」（松本、二四七頁）と指摘している通り、北はあくまで日本本位の「大アジア主義者」であった。

†大川周明の場合

北一輝とともに、猶存社を一九一九（大正八）年に結成した大川周明は、青年将校などに反西洋的な世界史認識を広め、満州事変から日米戦争にいたる戦争政策を思想面で支えた人物であるが、ヴェルサイユ・ワシントン体制が、「アングロ・サクソンの世界支配」の体制であると把握した上で、幣原外相などがこの体制を「国際正義」とみなしてきた態度を批判して、次のように語っている。

「日本のかくの如き態度は、必然シナの軽侮・反抗を招いた。而して日本はシナの抗日・侮日に対し、常にいわゆる親善政策をもって臨んだのであるが、如何に日本が親善を標榜しても、シナの敵意は益々募るばかりであった。この排日運動の背後に、英米の煽動ありしことはいうまでもない。加うるにワシントン会議の翌年、すなわち大正十二年に関東大震災あり、日本の国力は半減し去るかの如く伝えられたので、日本に対する世界の軽侮は一層甚だしきを加えた」（大川、二〇一九年、三六頁）と。

大川は、一九二二（大正一一）年に『復興亜細亜の諸問題』を刊行し、第一次世界大戦前後のトルコ、エジプト、インド、タイなどアジアにおける民族独立運動の展開を詳しく紹介しており、当時の日本ではアジア通の学者として著名であった。にもかかわらず、なぜ中国の民族運動については、「抗日」とか、「侮日」といった文脈でしか把握できなかったのであろうか。

それは、第一次世界大戦後の世界体制を「アングロ・サクソンの世界支配体制」と把握したため、その反米英意識から、ワシントン条約などで中国の主権尊重が明記された意義を無視したからであろう。また、北と同じく、中国における日本の利権を死守しようとする意識が中国の国権回復運動を「米英の策謀」によるものとして切り捨てることになったのであろう。つまり、大川の場合も、日本ナショナリズムが中国の実態把握を曇らせていたといえるだろう。

†日本陸軍の「支那通」とは？

一九二〇年代の日本の対中国政策では、外務省と陸軍の二重外交が顕著であったが、陸軍の中でも陸軍中央と現地軍のズレがしばしば露呈した。陸軍では幼年学校出身者がエリート・コースにのるケースが多かったが、幼年学校で履修可能な外国語は独仏露であったため、エリートは欧米系担当者になる傾向があったという。他方、中国語は、陸軍士官学校や陸軍大学でないと履修できなかったので、陸軍の中国通は中学卒業後に陸士や陸大に入学してから中国語を習得したケースが多かったという(戸部、二〇一六年、一一三頁)。

陸軍参謀本部の中に支那課が設置されたのは一九一六(大正五)年であり、この部署に配属されたものが「支那通」となったケースが多かった。彼らが中国に派遣された場合の任務は多様であったが、第一に、領事館付き武官および補佐官となるのが、本来であり、彼らが収集した情報は外務省でなく、参謀本部に直接送られた。第二に、上海、済南、南京、福州、広東、漢口には別途、駐在武官が配置されたが、かれらは地方の軍閥から集めた情報を参謀本部に送った。第三に、シベリア出兵の際に、ソ連情報の収集を目的として特務機関が設置されたが、対中国諜報のためにも特務機関が設置された。第四に、中国の中央政府や地方の軍閥に派遣された軍事顧問がいた。彼らは、日本陸軍とのパイプ役として武器援助・売買などの仲介を担当した(戸部、二〇一六年、一一八〜一二四頁)。

†中国軍閥との癒着

これらの「支那通」の中で、中国政治に直接的に影響を及ぼしたのは軍事顧問であった。例えば、袁世凱政権には坂西利八郎が軍事顧問として派遣され、十数年間も大総統府顧問として中国に駐留し、中将まで昇進した後、予備役に編入され、貴族院議員にもなった。この坂西は、袁世凱の死後は、段祺瑞政権を支援するグループの中心として、西原借款などを仲介した。張作霖に対しては、菊池武夫、町野武馬などが軍事顧問となったが、密かに満蒙独立運動の支援も行ったという。

第二次奉直戦争の折には、日本政府としては、幣原外相が不干渉を表明したにもかかわらず、張作霖の軍事顧問となっていた松井七夫が、陸軍中央の黙認の下、馮玉祥に一〇〇万円を支払って、寝返りを工作し、張作霖の延命を助けたという（戸部、二〇一六年、九六～九七頁）。

このように、日本陸軍の出先機関は、単なる情報収集にとどまらず、日本の在中利権を守るため、「謀略」によって軍閥政権の延命を図ることまで実行していた。他方、国民党政権は、「反軍閥」や「反帝国主義」を標榜していたので、日本からの軍事顧問を受け入れなかったし、その国権回復政策でしばしば日本と対立したので、日本陸軍は、日本の利権を守るため、最期まで張作霖などの軍閥を支援する傾向が強かった。

†国民党通は例外的

一九〇五（明治三八）年卒の陸士第一八期生、佐々木到一は陸軍の中では例外的に国民党通であった。一九二二年、佐々木は広東駐在武官を命じられたが、当時、優秀な「支那通」はみな北京や上海勤務を希望し、「広東行きは歯牙にもかけられなかった」という。この広東駐在時代に佐々木は、私利私欲を超越した孫文を尊敬するようになった。しかし、一九二四年に帰国し、参謀本部支那課に勤務するようになった佐々木が、今後の中国では国民党主導で革命が進行するとの報告をすると、「国民党かぶれ」と馬鹿にされたり、大川周明主宰の講演会で孫文を「先生」と呼ぶと、大川周明から孫文に「先生」をつけるのはもっての他と批判され、言い合いになったという。また、佐々木にとって、花柳界や麻雀に明け暮れている「軍閥は嫌悪の対象であり、軍事顧問たちはその取り巻きとして軽蔑すべき存在と映っていた」という（戸部、二〇一六年、一一二～一四一頁）。

このように、例外的に国民党通であった佐々木が陸軍の中で孤立していたことは、いかに陸軍が中国の軍閥と癒着し、国民党とのパイプ形成に不熱心であったかを、物語っている。日本陸軍からすれば、ソ連や中国共産党から支援をうけた国民党による国民革命の進展は、中国の「赤化」の可能性を示すものとして危険視されたのだろう。しかし、軍閥を一掃し、列強の支配から中国の自立を図ろうとする国民革命の目標は正当なものであったが、何より日本の在中利権の死守に関心を持つ陸軍幹部はそうした歴史の基本方向には盲目であったと言わざるをえない。

†石橋湛山の満蒙特殊権益の放棄論

陸軍中央が中国の国民革命を敵視し、最後まで張作霖擁護に固執したのは、日本が日露戦争で獲得した満蒙の特殊利権が国民党政府によって返還させられることを恐れたからであった。しかし、石橋湛山は、一九二一（大正一〇）年の論説ですでに満蒙放棄論を展開して次のように主張した。

図18　新蔵相として大蔵省に入る石橋湛山（1946年）

「一体、米国の要求、すなわち極東の経済的開放なることによって、最も多く脅威を受くるものは、いずれの国かということである。日本は、なるほど、満蒙のいわゆる特殊利益を失うかも知れぬ。しかしただ、それだけだ。支那は広い。満蒙は、その広い支那の一局地、しかも、経済的に最も不毛な一局地だ。これを棄つることによって、もし支那の全土に、自由に活躍し得るならば、差引き日本は、莫大な利益を得る。」（石橋、九八頁）と。

ここで、石橋が強調しているのは、満蒙の特殊利益を放棄しても、中国市場全体への参入が保証されれば、その方がずっと日本にとって利益が大きいことであった。

この石橋の主張は、英国が、一九二五年の五・三〇事件の影響で、中国全土での英貨ボイコット運動に直面し、対中貿易の激減に直面した結果、漢口や九江の租界返還に応じるなど中国の国権回復運動に理解を示す方向に政策転換したときの論理と共通していた。なぜ、英国は「帝国縮小」政策に転換できたのに、日本はできなかったのだろうか。それが問われるだろう。

†吉野作造の「対支膺懲」反対論

ヴェルサイユ会議で山東返還が実現しなかったため、中国の学生たちが五・四運動を起したときに、日本では「対支膺懲」の議論が起こった。それに対して、吉野作造は、一九一九年七月の『東方時論』で、つぎのように反対した。「支那で日本を排斥するのは、実は侵略の日本を排斥するものである。併し日本其のものは、決して侵略主義の国ではない。官僚軍閥の日本の侵略的色彩を濃厚に持って居るといふことは、我々は之を疑わない。……けれども今や国民の多数は、平和を愛し、自由を愛し、国際的共存の主義を愛して居る。今日の日本には、侵略の日本と平和の日本との二つがあることを認めなければならない。」（吉野、九巻、二五一～二五二頁）と。

つまり、吉野は、中国の「排日」運動は、日本に反対するものではなく。日本の中の侵略的勢力に反対するものとして、日本人がナショナリズムに駆られて、盲目的に「排中」にならないように警鐘を鳴らしていた。

†国民党政府承認の提案

同時に、国民革命を評価する吉野は、一九二七年一月二〇日の『社会民衆新聞』で国民党政府の承認を次のように提唱した。「いうまでもなく広東政府は現在武昌を中心とする南方一帯の一大勢力である、孫文の三民主義以来の伝統的に巧妙な政治的活躍と、最近北伐軍の成功とにまってすでに南方を支配する勢力としては牢として抜くべからざるものとなっている。更に、支那全体を支配する勢力としては、いまだ未知数ではあるが、すでに胎生的状態にあるものとして充分な可能性を将来に約している。……この国民政府を承認することは、支那民衆に向かって帝国主義政策の放棄を意味するものであり、何よりもその好感を得るものであろう。……ここに注意するのは承認の場合に於いて絶対に利権保持を眼中に置くことを戒めなければならない。」（藤村・後藤、一八八～一八九頁）と。

国民軍革命が北京に入城して、中国統一を実現するのは一九二八年六月のことで、吉野がこの論文を発表した時点では、まだ北伐は途上であり、武漢に政府機関を移動させたくらいの状況であった。それでも、吉野は国民党政府が早晩中国を統一すると予測して、日本政府に対して承認を提唱したのであり、先見の明があったと評価できるだろう。

もし、実際に、日本政府が、早い段階で、国民党政府を承認し、国権回復運動に前向きに対応した場合には、日貨ボイコット運動も沈静化し、満蒙権益の一部を残す交渉も可能だったのではないだろうか。

第五章
山東出兵と張作霖爆殺事件

パリ不戦条約、ケロッグ・ブリアン協定の締結式(1928年)

1　田中義一内閣の成立

†陸軍エリート田中義一

田中義一は、一八六四年に山口県の萩に生まれた。父は足軽の身分だったので、決して豊かな家庭の出身ではなかったが、陸軍士官学校から陸軍大学を卒業後、日清戦争に従軍、陸軍では山縣有朋以来、長州閥が幅を利かせていたので、田中は早くから山縣に眼をかけられ、出世コースを歩んだ。一八九八年からロシア留学を命じられ、一九〇二年に帰国すると、参謀本部のロシア課主任として対露戦の作戦計画にあった。日露戦争が勃発すると、大本営の参謀として出征、一九一一年には陸軍省軍務局長となり、二個師団の増設計画を強力に推進し、第二次西園寺内閣の瓦解を招いた。第一次世界大戦直前のヨーロッパを視察して帰国、一九一八年には原内閣の陸相に就任した。

第一次世界大戦の体験を通じて、田中は、戦争回避の方法の模索＝「新外交」の始まりというより、総力戦体制構築の重要性を痛感し、一九二一年八月の講演で次のように語った。

「今次の大戦は、一面科学の戦争であったと言ひ得るであろう。今や戦争は終息して国際連盟の規約新に成り、一般に平和を切望する有様となったのであるが、之が為に列国は、世界の国際競争が無くなったのではない。したがって国防を等閑に附して顧みないといふまでには至らないので、兵器の研究は大戦の経験に鑑み、今後一層盛んになるであろうと信ずる」（纐纈、二八二頁）と。

田中の対中国政策

図19　田中義一

第一次世界大戦中の中国は、袁世凱政権のもとで混乱が続く状態にあったが、田中は一九一四（大正三）年に寺内正毅元陸相あての手紙でこう述べていた。「最近に於ける形勢は、又候一昨年の轍《てつ》の如く英国に愚弄せられ、基本尊《たる》は袁世凱、又彼れの黒幕中には米国の在ることは疑ひなく、今に躊躇未決の情体（ママ）に有之、或はついに有耶無耶《うやむや》に終るなきかを疑はしむる次第に御座候、已にいったん抜き掛けたる気勢を示したる以上匕首を袁に加ふるも辞せざる決心なかる可からず」と（纐纈、一七九頁）。

つまり、田中は、辛亥革命後に混迷する中国に武力介入も辞さない姿勢を示していたわけだが、同じころ、山縣は大隈首相あてに出した「対支政策意見書」の中で「世間或は帝国の武力を過信し支那に対しては只威圧を以って志を遂くべしとする者あれども人生の事は一の腕力によりて決定せざれ得るが如き簡略のものに非ず。」と述べ、西欧列強の中国への介入に対しては「日支相親善して互に其利を進め、害を除くに非ざれは不可なり」と主張していた（纐纈、一七八頁）。

このように、明治の元老層に比し、田中のような陸軍中堅層はかえって対中強硬姿勢を示していたのであり、第一次世界大戦に参戦して、山東半島などのドイツ利権の獲得を推進することにもなった。

また、日本の二一カ条要求への反発から中国の対日感情が悪化していた第一次世界大戦中の一九一七年五月に中国を視察した田中は、「対支経営私見」をまとめているが、そこでは、辛亥革命以来中国では国民的覚醒がみられるが、行政は廃頽しており、中国の財政経済の救済ができるのは日本帝国以外にはないとして、日本の保護者的役割を強調していた（田中、上、六七六頁）。

†在郷軍人会の創設

総力戦体制の構築を早くから重視していた田中は、戦争遂行には国民の支持が不可欠と考え、一九一〇(明治四三)年に退役軍人を糾合する在郷軍人会の創設を主導し、「在郷軍人会の父」と呼ばれるようになった。しかし、大正デモクラシー期になると、軍縮ムードが高まり、軍国主義への批判が高まった。そのことに田中は危機意識を抱き、在郷軍人会の理念として「良兵良民」を掲げ、軍隊を天皇の下に結集する「家族」のように位置付けて、国民統合を推進していった。

また、大正デモクラシーの下で、労働運動や農民運動が高揚すると、在郷軍人会では、階級協調を強調するとともに、社会主義を排撃するキャンペーンをはっていった。たとえば、在郷軍人会本部が作成した「やんやと節」というレコードには「狭い心で　世の中渡りゃ　マルキシズムにだまされる　マルキシズムにだまされりゃ　可哀想だが心が腐る」(野口雨情作詞、中山晋平作曲)という歌詞が含まれていた(藤井忠俊、一四一頁)。

また、圧倒的多数の兵隊が農村出身であったこともあり、都市の文化を「軽佻浮薄」と批判したり、大正デモクラシーを「物質主義」と排撃し、伝統精神の重要性を強調したという。民族派知識人の中からも在郷軍人会の意義を強調する者がでていた。

†愛国団体の中核としての在郷軍人会

上杉慎吉は一九二五（大正一四）年四月号の『大正公論』で「私は唯一に在郷軍人諸君に頼るのである。全国三百万の在郷軍人諸君よ、普通選挙の精神的準備をなし、一千万の新選挙人を忠君愛国の旗幟のもとに結集するのは諸君に最も恰好なる事業」なりと訴えた。また、北一輝は『日本改造法案大綱』のなかで、「在郷軍人は嘗て兵役に服したる点に於て国民たる義務を最も大に果したるのみならず、其の間の愛国的常識は国民の完全なる中堅たり得べき。且つ其の大多数は農民と労働者なるが故に、同時に国家の健全なる労働者階級なり。而してすでに一糸紊《みだ》れざる組織あるが故に、改造の断行に於て独露に見る如き騒乱なく真に日本のみ専らにすべき天祐なり」（藤井忠俊、一四一～一四二頁、ひらがな表記は引用者）と主張した。

つまり、上杉慎吉にしても、北一輝にしても、在郷軍人会を、男子普通選挙時代の到来に対応した大衆政治の左傾化を防ぐ、愛国団体の中核として期待していた。それ故、その生みの親である田中義一は、単に軍人として注目されただけでなく、政友会から総裁候補として注目されることになった。

†政治家としての田中義一

陸相時代の田中は、一九一九（大正八）年度予算編成にあたり、陸軍は四個師団の増設を、海軍は八八艦隊の創設を主張して譲らなかった。原首相は、第一次世界大戦の終戦が近いことを指摘して、両者に譲歩を促した結果、田中が、海軍整備の優先性を認めたことで予算案の閣議決定が可能になった。この時、蔵相であった高橋是清は田中を「物の判る男」と評価したという（井上、二〇一二年、二一二頁）。

一九二一（大正一〇）年に原首相が刺殺され、政友会から高橋是清内閣が組織されたものの、翌年六月に加藤友三郎内閣、二三年九月に第二次山本権兵衛内閣、二四年一月に清浦圭吾内閣が発足し、ずっと政友会は野党に甘んじなければならなかった。しかも、政権は、選挙で多数を得た政党に関係なく、元老の判断で首相候補が天皇に奏薦されていた。そのため、政友会、憲政会、革新倶楽部の三党が、選挙で多数を占めた政党から首班を選ぶのが「憲政の常道」だとして、清浦内閣の打倒をめざす護憲運動を開始した。しかし、政友会の中で清浦内閣を支持する部分が政友本党を結成したので、政友会は議席が半減してしまった。一九二四年五月に行われた選挙では憲政会が第一党となり、加藤高明内閣が組織され、政友会総裁の高橋是清が農相・商工相兼務で入閣したにとどまった。

この加藤高明内閣の下で男子普通選挙法が一九二五年三月に可決され、同時に治安維持法も成立した。これを受けて、高橋は、政友会総裁の辞意を表明し、後任に田中義一が選出された。その際、政党人の中には、しばしば政党と対立した軍部から総裁を迎えることに抵抗感をしめすものも多かったが、田中義一の背後にある三百万もの会員をもつ在郷軍人会の票には無視できない魅力があった（纐纈、二九二頁）。

田中の政友会総裁就任を機に、陸軍と政友会の接近が始まり、政友会は対中強硬策の推進主体となってゆくのである。

†森恪の登場

田中義一の政界入りを推進した中心は、加藤高明内閣の法相であった横田千之助だと言われるが、実際の交渉には森恪《もりつとむ》があたった。森は、一八八二年に大阪で生まれ、東京の商工中学に入学、高等商業には合格できなかったので、父の勧めで三井物産の上海支店長だった山本条太郎に頼み、同社の中国語修業生となり、一九〇四年に三井物産の社員となった。セシル・ローズを尊敬し、「商業は多く軍艦旗の下に発達す」（小山、三三、一四〇〜一四一頁）という心情をもっていたというので、極めて「旧外交」的な人物であった。

三井物産の社員としても中国畑の仕事に従事したが、辛亥革命直後で資金不足に悩んでいた孫文に対して日本の満州利権の保全を条件に借款供与の交渉をするなど、早くから政商的な活動を展開した。また、日本の二一カ条要求を支持するキャンペーンを中国で展開したので、日本の公使館から反発を受けたりもした。日中合弁で鉱山や電話事業などを行う企業の立ち上げなどにも関係したが、袁世凱政権による外国人への規制強化により、失敗。日本に戻り、一九一九年に政友会に入党、二一年には満鉄疑獄への関与が疑われたが、起訴を免れ、二五年に衆議院議員に当選した。

†政友会の若槻内閣批判

一九二六（大正一五）年一月、加藤高明首相が病死し、大蔵官僚から蔵相を経験していた若槻礼次郎が憲政会の内閣を組織した。当時、憲政会と政友会の議席差はわずかで、政友会側は、若槻内閣の失政探しに傾注した。大阪の松島遊郭の移転で儲けた会社による贈収賄事件とか、皇太子の婚儀の際に爆弾を投下して死刑判決をうけた朴烈が刑務所内で愛人と抱擁している写真の暴露などがその例だった。この朴烈事件の場合は、問題の写真を森が北一輝から入手し、政府追及の材料としたという（小山、一四五頁）。

政友会による若槻内閣追求の中心点は対中国政策にあった。当時の中国では北伐が始まり、内戦の過程で在留邦人が危険にさらされることが多発したからである。一九二七年二月、森は、田中総裁の依頼で、松岡洋右《まつおかようすけ》、山本条太郎と一緒に中国視察にでかけた。国民革命軍の要人やボロディン軍事顧問にも会ったが、北伐軍へのソ連の影響拡大に危機感をもち、「二十年来揚子江沿岸に、日本人の扶養せる勢力が根底から亡ぼされつつあ」るとみて、「日本人が進むか退くか」選択しなければならないと痛感したという（小山、一五〇頁）。

森は、三井物産の仕事を通じて揚子江沿岸でも仕事をしていたので、北伐開始以来、その地域での日本人の影響力が減退していることにショックを受けたわけである。その後日本では満蒙利権の保持に関心が集中してゆくが、森の場合は、中国全土での商売に関心を持っていた点が興味深い。

†幣原外交批判

森らが中国を視察した直後の一九二七（昭和二）年三月、北伐軍が南京に入城し、外国公使館や居留民に暴行、略奪を行う事件が発生したが、幣原外相は、英国からの共同干渉の提案を拒否して、武力介入を見送った。森は、政友会内で幣原外交を「軟弱」と批判する強硬論をリードし、直接、幣原外相にあって、詰問した。その上、四月七日には、松岡洋右とともに、「幣原外交の価値」と題する講演を行い、こう語ったという。

「南京に於ける暴動に依って領事館の菊の御紋章は破壊され、国旗は引き裂かれた……。帝国の居留民、軍人の居る所に於て日本の婦人が甚だしき侮辱を受けた事実に対して……彼（幣原のこと）は……何等広報に接せずと答弁したのである。……丸腰を以て在支国民を保護せよと命じた政府当局の非を、私共は断乎として責めなければならぬ」と（小山、一五四頁）。

このような幣原外交への不満の高まりに加えて、金融恐慌による鈴木商店の倒産、台湾銀行の救済策の枢密院での否決が加わり、若槻内閣は四月一七日、総辞職し、田中義一内閣が発足した。五年ぶりの政友会単独内閣であった。

†田中義一内閣の顔ぶれ

田中は、当面の金融恐慌を終息させるため、高橋是清前総理を蔵相に起用、外相には、横浜正金銀行頭取や日銀総裁を歴任し、国際協調派で知られる井上準之助に打診したが、断られ、自ら兼務することにした。田中は、「外務省の外交が弱くて困る」から自分が外相になって「外務省を改革して立て直す」と語ったという。また、政友会の中で幣原外交批判の急先鋒だった森恪を外務政務次官に指名したが、幣原系と見られていた出淵勝次を外務事務次官に指名したので、ある程度バランスを考えた人事をおこなった（小山、一六一〜一六二頁)。

陸相には、初め清浦内閣で陸相をつとめた宇垣一成に打診したが断られたため、元関東軍司令官で長州系の白川義則を指名した。白川には満蒙問題の解決を期待しての人事だった。海相には財部彪が就任し、内閣書記官長には鳩山一郎が就任した。

2 田中外交と対中国政策

†第一次山東出兵

田中外相は、就任直後の一九二七(昭和二)年五月初めにティリー駐日英国大使と会談し、「日英同盟はもはや条約としては存在していないが、同盟の精神はいぜん活きており、その精神の維持をはかる上で力の及ぶかぎりのことはするだろう」と述べ、英国政府もこの姿勢を評価したという(細谷・斎藤、二四頁)。

当時、蔣介石指揮下の北伐軍が山東省に接近しており、田中政権は、幣原外交を「軟弱」と批判してきたこともあり、居留民保護のため山東出兵を決断した。五月二七日、旅順にあった部隊を山東に派兵した。同時に、他の列強との共同行動も重視して、六月四日には天津で開催された日英米仏伊の五カ国軍司令官会議に参加し、総数約九六〇〇名を派兵して、北京から塘沽に至る鉄道沿線を共同して防衛する計画を協議した（服部、二〇〇一年、一九三頁）。

七月初めに、日本軍は内陸部の済南に進出し、国民党政府から強い反発を招いた。この済南進出は北伐軍に不利に働き、八月半ばには、北伐軍が奉天軍に敗北する事態が発生した。蔣介石が司令官を辞任し、下野することになり、北伐は一時中断された。それを受け、日本軍は九月半ばに撤退することになった。

ここに、第一次山東出兵は、武力衝突なしに居留民の安全確保という目的を達成した。また、一〇月には満鉄への米国資本の投資計画に関する協議が井上準之助日銀総裁とモルガン商会のラモント総支配人の間で始まった。この投資計画は、満州における門戸開放政策の実現という点で、歓迎すべきものとして、山本条太郎満鉄社長も田中首相も歓迎した（服部、二〇〇一年、一九四頁）。

†東方会議の開催

一九二七年六月末、田中外相は、幣原外交とは異なる対中政策を明確化するとともに、対中政策における外務省と軍部のズレを調整するために、東方会議を東京で開催した。こ

図20　東方会議（右から3人目が田中義一、4人目が森恪）

の会議は森外務次官が主導したもので、この頃、田中は病気がちで、田中欠席の折には、森が議長を務めた。外務省からは、田中外相、森次官、芳沢謙吉駐中国公使、吉田茂（奉天総領事）など、陸軍からは武藤信義（関東軍司令官）、南次郎（参謀次長）、畑英太郎（陸軍次官）、阿部信行（軍務局長）、松井《まつい》石根《いわね》（参謀本部第二部長）などが出席した。

会議の中心議題は、満蒙問題であったが、出席していた木村鋭一亜細亜局長によると、「前後二回の総会を除いては、一切の委員会、協議会において森が政務次官として議長と進行役を一人で兼ねていたが、彼は誰よりも第一に討論家であった。……一人三役をやってのけた森の武者ぶりは、また彼の政治生活中のはなばなしい一舞台でもあった」と証言している（田中、下、六六五頁）。

また、岡崎久彦によると、吉田茂の意見が出席者の中では一番「急進的」で、「張作霖だけに頼って満洲を護ろうとせず、満洲経営は日本自らの国力と政策とをもってしなければならない」と主張したという。吉田は、森と意見が一致し、「二人が会議の黒幕だった」と語っている（岡崎、三六一〜三六二頁）。

†「対支政策綱領」の意味

最終日となった七月七日、田中外相がまとめとして「対支政策綱領」を提案した。その内容は、①中国内乱への不干渉、②中国穏健派の国民的願望への支援、③中国の全国統一の気運を待つ、④中国における日本の権利や在留邦人の生命財産が不法に侵害される場合には、断乎として自衛の措置にでる、⑤満蒙南北における門戸開放、⑥満蒙における日本の特殊地位を尊重する東三省の有力者を適宜支持、⑦満蒙に動乱が及び、日本の特殊地位が侵害される恐れがある時には、適当な措置にでる、といったものであった（外務省、一〇一〜一〇二頁）。

この「対支政策綱領」の特徴は、満蒙を中国本土から分離し、満蒙に於ける日本の「特殊地位」を防衛する強い姿勢を明確にしたところにあった。その際、⑥で「日本の特殊地位を尊重する有力者の支持」を明記して、従来からの張作霖支持の継続を暗示した。同時に、⑦では満蒙に動乱が及んだ場合は、「適当な措置にでる」として、軍事行動の発動も匂わせている。

つまり、「対支政策綱領」は両論併記的な性格をもったものであり、植村悦二郎によればその点は、「森の創意になる東方会議でも、森の思う通りにはならなかった」(田中、下、六七三頁)点であるという。森は、この会議の前後に、参謀本部に鈴木貞一少佐を訪ね、「満蒙分離」の方向での政軍協力の必要性を説き、意見の一致をみたという。鈴木は、石原莞爾や河本大作などの意見を熟知しており、森は、陸軍の中に満蒙武力領有論があることを知っていたが、そのような政策に田中内閣が同調するとは思えなかった(小山、一八一頁)。

このように満蒙強硬策が政府の会議で通らなかったため、森は、八月半ばに旅順にゆき、関東庁長官邸で現地関係者と協議している。しかし、この時にも、満鉄総裁の山本条太郎と意見が合わなかったという(田中、下、六六〇〜六六一頁)。

†「田中上奏文」の真相

東方会議の直後、中国の新聞に対満蒙強硬策を天皇に上奏したとされる文書が報道された。いわゆる「田中上奏文」である。そこでは「支那を征服せんと欲すれば、まず満蒙を征服せざるべからず、世界を征服せんと欲すれば、必ずまず支那を征服せざるべからず」という文章が書かれており、日本の敗戦後に設置された極東国際軍事法廷では、中国側証人が日本の計画的な侵略政策の証拠として提出した。

『田中義一伝記』の筆者は、この文書には、内容的にも、形式的にも不備が多く、「偽書」であると判定しているが、同時に、この文書に書かれている内容は、当時、陸軍の一部で構想されていたことで、それが「上奏文」と誤解されたのではないか、と推定している。その根拠として、森外務次官との会話を記録した鈴木貞一元陸軍中将の記録を引用している。そこでは、鈴木が石原莞爾や河本大作《こうもとだいさく》など若手将校と話し合って案を考えたと書かれており、「満洲を支那本土から切り離して、さうして別個の土地区劃にして、その土地、地域に日本の政治的勢力を入れる。さうして東洋平和の基礎にする」という政策を中心においた、と書かれていた（田中、下、六六九頁）。

つまり、「田中上奏文」なるものは、上奏文としては「偽書」かもしれないが、当時の関東軍の若手将校の間で共有されていた構想であった。彼らは、満洲事変の四年も前から満州を中国本土から分離する軍事行動を考えていたと推定される。

†「対支政策綱領」の日本と英米の溝

　他方、英国は、前年の一九二六年一二月に対中政策の転換を図り、不平等条約の改正に応じるとともに、国民党政府に接近する姿勢を見せていた。その結果、二八年一二月には中国の関税自主権の承認に踏み切った。米国も、二七年一月のケロッグ国務長官声明で中国の条約改正に応じる意向を表明し、交渉を積み重ねた結果、二八年七月には関税自主権を承認した新しい通商条約を国民党政府との間で締結し、事実上、国民党政府の承認に踏み切った。

　つまり、英米は、一九二七年から二八年にかけて、中国を代表する政権は国民党政権になると予想し、彼らが強く要求する不平等条約の改正に応じるとともに、英国は一部の租界（漢口や九江）の返還にまで踏み込むことによって、中国との関係改善を図っていったのであった。それに対して、田中政権は、満蒙権益の死守にばかりに眼を奪われて、一年後には実現することになる国民党政権による中国統一を見越した政策転換には踏み切れなかったのであった。しかし、国民党政権との関係改善の機会は、下野中の蔣介石が一九二七年九月末に思いがけず来日したことで開かれることになった。ただし、この機会を活かすかどうかは田中内閣の姿勢にかかっていた。

†田中義一と蔣介石の非公式会談

一九二七（昭和二）年九月末、蔣介石が長崎に着いた。表向きの目的は、宋美齢《そうびれい》との結婚を有馬温泉に滞在中の宋美齢の母に許してもらうためだったが、真の目的は田中内閣の対中政策の真意を探ることにあった。日本語が堪能な張群《ちょうぐん》が同行し、宮崎滔天《とうてん》の息子、龍介が出迎え、張群とともに、早くから田中首相との会談の可能性を追求した。しかし、日本政府側の対応は冷淡で、まるで「亡命者」扱いだったので、蔣介石は憤慨したという。しかし、長い付き合いの内田良平、松井石根、犬養毅、白川義則、渋沢栄一などと旧交を温めることはできた（小山、一九八～一九九頁）。

　田中首相と会うことができたのは、ようやく一カ月以上たった一一月五日であった。田中側の引け腰がみてとれよう。会談は田中の私邸で行われ、同席した佐藤安之助少将がメモを残していた。

†平行線に終わった会談

　会談で田中は、「参考として申すべき事は貴下が余りに北伐に焦る事なく先ず自己の地盤を堅固にするにあり而して北方に於ける張、閻、馮の争闘に関しても貴下としては之に手を出さぬ方可なるべし」と述べて、蔣に華南の支配に専念し、華北に進攻しないように勧めた。

それに対して、蔣は「革命軍の内容複雑にして将士敵を軽んずる風あり、当時若し北伐を行わざれば分裂を免れ難き形勢にあり」と答えるとともに、「個人としては起つべき時機に非ざるも支那の国民としては実に忍び難き事情にあり、応に奮起して革命を成就し統一を遂ぐべき義務あり」と答えた。つまり、内部が複雑な国民革命軍の統一を維持するためにも北伐が必要であるし、中国の統一は国民の希望だとして、北伐続行への理解を求めた。

さらに、排日に関連して、蔣は「支那に排日の行わるるは日本が張作霖を助けて居るものと思えばなり、自分は判然日本の態度を諒解し居るも軍閥を嫌悪する支那の国民は軍閥が日本に依頼し居るものと諒解しあり、故に日本は吾人同士を助けて革命を早く完成せしめ国民の誤解を一掃すること必要なり、而して事如此なるに於ては満蒙問題も容易に解決せられ排日は跡を絶つべし」(田中、下、七四三〜七四六頁)と。

つまり、蔣は、日本が軍閥支援を止めて、国民革命を支持すれば、満蒙問題も解決するし、排日もおさまるという重要な提案をおこなったのであった。しかし、田中は、汽車の時間が迫っているとして、議論を詰めないままに会談は終了したのであった。田中は、

「対支政策要領」で決定したように、満蒙利権の死守にこだわり、そのために張作霖らの華北軍閥支援の姿勢を変えなかったのであった。蔣介石は、この会談の後、日記に田中には「全く誠意がなく、中日合作は不可能であり、我が革命の成功を決して許そうとはしないのだ」と記したという（服部、二〇〇一年、二〇八頁）。

蔣介石は、一九二七年四月の反共クーデタ以来、国民党から共産党やソ連の影響を排除していたのだから、反共の立場から国民革命を敵視する理由は薄れていた。それ故、この時点で蔣介石の国民革命支持に転換していれば、満州も含めて、中国の排日運動は沈静化し、日本の満蒙利権も、交渉で一部の放棄を迫られたかもしれないが、守られた可能性はあったのではないか。方針転換して、漢口や九江の租界を返還した英国がその後も香港を保有し続けたように。

3 済南事件と中国の「排日」運動激化

†第二・三次山東出兵と済南事件

日本から帰国した蔣介石は再び国民革命軍の司令官に任命され、一九二八年四月から北

図21　1928年５月、済南で日中両軍が衝突する

伐を再開した。国民革命軍が済南に接近する中、田中内閣は、居留民保護のため熊本の第六師団から五〇〇〇名の済南派遣を決定した。しかし、北京と南京の両政府とも、居留民の保護は中国側が行うので、出兵は不必要であり、中国の主権に対する侵害であると抗議した。当時、済南には、約九〇名の婦女子が青島に避難したものの、一七〇〇余の日本人と八一名の朝鮮人が残留していた。五月三日、入城してきた国民革命軍の一部が満州日報の販売店にあった印刷物をめぐる対立から武力衝突が発生した（服部、二〇〇一年、二〇二〜二〇四頁）。

武力衝突に発展した原因についての日中双方の主張には食い違いがあるが、服部によると、日本軍の中での進駐目的の変更も影響しているという。当初、進駐した支那派遣軍では居留民の避難誘導を主任務としていたが、熊本から増派された部隊では、居留民の現住所での保護を第一とし、避難を二次的と位置づけていた。そのため、増派部隊は、国民革命軍を日本人居住地域から排除しようとした結果、武力衝突が発生した可能性があるという。現地での衝突は五月五日には停戦となったが、鈴木壮六参謀総長は、「支那との停戦は国軍の威信を顕揚し禍因を根絶する」条件で行われるべきとして、第三次山東派兵が決定された（服部、二〇〇一年、二〇五〜二〇七頁）。

つまり、当初の派兵目的であった「居留民保護」には、武力衝突が発生する中で、中国への「膺懲」や日本軍の「威信顕揚」が追加され、派兵目的のエスカレーションが発生した。その結果、日中両軍の衝突は拡大し、中国軍側の死者は三六〇〇名、負傷者は一四〇〇名にのぼったのに対し、日本軍側の死者は二六人、負傷者は一五七人であった。また、事件後、日本軍は済南から青島に至る鉄道路線を占領したので、その撤退問題も日中間の争点となった（笠原、二〇二〇年、六〇頁）。

†済南事件の影響

この済南事件は、日中関係だけでなく、米英との関係でも大きな転換をもたらした。第一に、蔣介石は、済南が日本軍に占領されたので、済南を迂回して、北伐を続けざるをえなくなった。蔣介石は、この事件を「国恥」ととらえ、五月一〇日の日記にこう書いた。「私は日課を定めた。……以後毎日六時に起き、必ず国恥紀念を行い、絶えることなく、国恥が完全に雪がれる日まで続ける」と（筒井編、二〇一五年、六二頁）。他の国民党政権幹部の対日観も決定的に悪化した。国民党政府の外交部長には、知日派の黄郛から知米英派の王正廷に代わったのもその表れであった。

第二に、米英の対日不信を強める効果も招いた。先に紹介した米国の駐中国公使であったマクマリーは、一九三五年の覚書の中で済南事件についてこう書いている。「日本に対して新聞の報道はきびしく、特にアメリカではひどかった。記録によると我が国務省も、日本軍が国民党軍の動きを押え込むための介入工作をとって、故意に済南事件を起こしたとの見解に傾」き、「日本に対抗させるために中国に賭けるというのが、アメリカの公式政策」となったという（ウォルドロン、一五六頁）。

英国は、元来、居留民保護のための共同出兵を日本に提案していた経緯から、第一次山東出兵には好意的な反応を示していたが、済南事件後は、対日協調に見切りをつけ、国民党政権への接近を強めたという（服部、二〇〇一年、二〇八頁）。

つまり、済南事件は、田中政権が主張した「居留民保護」という目的にとどまらず、国民党政府の中国統一への妨害、張作霖などの軍閥擁護政策の現れとみなされ、ワシントン会議以来維持されてきた米英との協調外交を困難にさせる効果をもった。

†済南事件の事後処理

済南事件は、日中双方に相互不信の感情を強化したので、賠償などの事後処理は難航した。一九二八年五月に松井石根中将が国民政府軍との交渉のため、青島や済南に派遣された。日本側は、蔣介石の謝罪や日本軍を攻撃した部隊の幹部への処罰を要求したが、国民党政府側の代表である張群は陳謝を拒否して、軍の間の交渉は決裂した。そこで、交渉は外交レベルに移されたが、容易に決着がつかず、越年となった。

一九二九年一月、日本側の全権に代わった芳沢公使は、中国側との合意可能な条件を田中外相と詰めた。その結果、①陳謝は日本側も行う、②処罰はすでに行われたもの以上には求めない、③賠償は日中相殺で構わず、④将来の保障として、在留邦人の生命財産の保護、排日宣伝の取り締まり、などの条件が満たされれば、日本軍は二ケ月以内に山東から撤退する、という条件で交渉することになった。

その結果、二月五日に交渉はまとまり、仮調印されたが、今度は、田中外相が将来に賠償要求が蒸し返される心配を提起して、再交渉となった。その間、森次官からは、芳沢や重光を弱腰と非難し、「上海ぐらいは灰にする気持ちで」交渉しろとか、陸軍の荒木貞夫は、中国人の「対日軽侮」を「膺懲」すべきといった強硬論がでた（小山、二三七〜二四〇頁）。芳沢や重光は、森次官を通さず、直接、田中外相に連絡するルートを開発し、ようやく相互に陳謝と賠償を放棄するという合意が成立し、三月二八日に事後処理の協定が正式調印され、五月に日本軍は山東から撤退した。

†日貨ボイコット運動の激化

済南事件によって、中国における排外運動の第一の標的が英国から日本に変化した。それまでは、一九二五年に上海で起こった五・三〇事件で租界警察のイギリス人が発砲事件を起こしたため、ボイコット運動の第一の標的は英国であった。しかし、英国は、対中輸出の激減に直面して、二六年末に政策転換に踏み切っていたところに、済南事件が発生したため、日貨ボイコットが全中国に波及したのであった。

久保亨によると、反日運動組織として「救国基金」が組織され、奢侈品・雑貨の七〇％、陶磁器・海産物・絹製品の三〇％、綿製品の五〜二〇％を「救国基金」に納入することが要求されたという。このような納入の要求は事実上、保護関税設定の効果をもち、日本商工会議所の推計によれば、ボイコット運動による日本からの対中輸出の損失は一九二八年五〜一二月間だけでも、一億二〇〇〇万円にのぼり、同時期の総輸出額の二割に相当した

（久保、四〇頁）。

そのため在中国の有力企業で組織されていた「金曜会」の機関誌には、「最近英米二国の対支態度が所謂その親善政策の旗幟を鮮明にし、政治上経済上著しく接近し来った事実」があり、「今や列強は支那に協することにより自れを利し、支那を富まめむとしつつある。……この時代この趨勢に処してわが日本は何を為しつつあるのであろうか。我ら現地の商人は特にこの点に多大の疑慮を感ぜざるをえない」（久保、五二頁）と不満が述べられた。

これらの団体は、田中政権の発足当初は、その対中「積極政策」を歓迎していたが、実際の展開を見た結果、中国の日貨ボイコット運動の激化を招き、対中輸出が激減したことに危機感を募らせたのであった。つまり、満蒙の特殊利権の擁護ばかりに関心を集中させ、中国本土全体での商売への配慮を欠いた田中政権への不満が表面化していたのであった。

幣原喜重郎の田中外交批判

田中政権は、幣原外交を「軟弱」とか、「消極的」と批判して政権を掌握しただけに、田中政権の対中政策に対して幣原は当然、反論したい心境であり、一九二八（昭和三）年四月号の『外交時報』に「支那問題概観」という論文を寄せ、こう述べた。

「今日の支那は最早《もはや》昔日の支那ではない。今尚《な》ほ妄《みだ》りに武力と強圧とを以て支那に臨み得るが如く考ふるならば、是《こ》れ時勢の変遷を解せざるものである」。「凡《およ》そ支那に於て何人が政権を掌握するか、又如何《いか》なる国内政策が果たして支那の為め適当なりやは当然同国民自身の決定すべき問題である」と。また、日中関係は「華府会議を一の分水嶺として着々と改善されて居る。殊《こと》に先年北京に於ける支那関税特別会議並に治外法権委員会に際して、我委員が終始中心となり公平穏健にして且支那に同情ある態度を具体的に表明したる事実は、我国が支那の内争に対する絶対不干渉の態度と相待って、著しく両国民間の了解と接近とを進めた」と書いた。

つまり、幣原は、ワシントン会議以来、自らが進めてきた対中協調外交を改めて評価した上で、「何等の予備的措置をも講ずることなく、急遽《きゆうきよ》出兵を決行するが如きことあらば、寔《まこと》に国家の一大不幸と謂《い》はなければならぬ」と田中外交を批判した（服部、二〇一七年、一六一〜一六三頁）。

†吉野作造の山東出兵批判

済南事件の直後、吉野作造は、一九二八年六月号の『中央公論』に「対支出兵」を書いて、田中外交をこう批判した。「今度の様な形で支那と戦ふは我国に取て一大不祥事である。直接の責任が何方にあるにしろ、之に依て双方の蒙むる有形無形の損失は測るべからざるものであり、殊に我国に於て、現在は固より、その東洋に於ける将来の立場を思ふとき、真に寒心に堪へざるものがある。（一）第一我々には今日支那を敵とし戦はねばならぬ何等の理由もないのだ。……（二）それに今次の戦域は今後可なり拡大する恐れがある。彼から挑まれて已《や》むを得ず起った事だとしても、現に見るが如く殆んど南軍の全部が極度の反感を我に示すの形勢なるが故に、自家の防衛と云ふことがなか〳〵容易の業ではないと思ふ。」と（吉野、九巻、三四五頁）。

ここで、吉野は、武力衝突の原因がどちらにあるか不明としながらも、日中間には武力衝突する理由がないにもかかわらず、戦闘が発生した原因には、国民革命軍による北伐を受けている「北方を助くる」狙いがあるとし、居留民保護はむしろ居留民の一時退避で解決可能と主張した。

†男子普通選挙と天皇の政治利用の強まり

一九二八（昭和三）年二月に初めて男子普通選挙が実施された。政友会は、四二五万票、当選者二一七名を獲得した。それに対して、田中政権発足に対抗して、憲政会や政友本党などが合同して、一九二七年六月に発足した立憲民政党は、四二七万票、二一六名を獲得した。議席数では政友会が上回ったが、過半数には届かず、得票数では民政党を下回ったので、田中内閣は不安定さを増すことになった。また、都市部では民政党が圧勝した。

この選挙では、鈴木喜三郎内相による与党に有利な選挙干渉がめだった。例えば、投票日の前日、鈴木は、民政党の議会中心主義は英米流のもので、日本の国体とは相容れないと発言し、『朝日』は「皇室中心主義の政争は不可」と批判したという。また、『大阪毎日』の幹部は牧野内大臣に対して、「近頃皇室の事を濫《みだ》りに政治方面に論議する弊害を痛感」したと発言したのに対して、牧野も「如何にも尤《もっと》もにて心あるものは皆同様嘆声を発し居る次第」と答えたという。このような天皇の政治利用の強まりは、男子普通選挙時代の到来による大衆政治の左傾化を防ぐ意図に基づいていたのだろう（筒井、二〇一八年、九六～九七頁）。しかし、鈴木内相は、選挙干渉の責任を追及されて、辞職することになった。

†無産政党の対支非干渉運動

男子普通選挙導入のもう一つの影響は、初めて無産政党が議席を獲得したことであった。社会民衆党（四議席）、労働農民党（二）、日本労農党（一）などの無産政党が合計八議席を獲得し、農民運動や労働運動などの大衆運動と連携して、政治的な影響力を広げ始めた。

その無産政党は、中国への干渉に反対する運動を展開していた。一九二七年一月、中国国民党中央委員の何兆芳が来日し、国民革命への支援を訴えた。四月には社会民衆党、日本労農党、労働農民党の代表があつまり、対支非干渉運動について協議した結果、対支非干渉同盟組織準備会が組織された。その後、蔣介石による反共クーデタが発生したため、無産政党間の足並みに乱れが生じ、社会民衆党は蔣介石支持を決定し、不参加となったが、労働農民党や日本労農党の共闘は持続した。しかし、治安維持法に基づく規制が激しく、三月一五日には共産党への一斉検挙が行われ、逮捕者は一五〇〇人余にのぼった。

また、四月末に田中内閣は、一九二五年に成立していた治安維持法の「国体変革」罪への罰則を死刑とする改正案を上程し、民政党は反対を表明したが、強行成立させた。このように革新運動に対する規制は強化されていたが、それでも、第一次山東出兵後には、労働農民党系が中心となって「対支非干渉全国同盟」が結成された。この同盟が配布したとみられるビラにはこう書かれていた。「我らの租税を濫費させるな！　一人の兵士も支那に止《とど》めるな！　我らの支那視察団を送れ！　日支労農大衆団結万歳！」（伊東、二二一頁）。しかし、その後、この団体の多くの指導者は検挙され、日本国内での反戦運動は年々、困難になっていった。

†不戦条約の成立

他方、国際的には反戦平和を願う声が不戦条約として結実し、田中内閣も一九二八（昭和三）年八月に調印した。この不戦条約には、すでにふれたように、国際連盟への加盟が否決された後の米国で高揚した戦争違法化運動の影響があった。また、ドイツに対する安全保障の確保を必要とするフランスのブリアン外相が米国に二国間で「戦争を違法化」する条約の締結を呼びかけたことに対して、米国のケロッグ国務長官が米仏の二国間条約よりも多国間条約の方が望ましいとして、締結されたのであった。

それ故、ケロッグ・ブリアン条約とか、調印された場所の名前をとってパリ不戦条約などと呼ばれる。その第一条には「国際紛争解決の為戦争に訴ふることを非とし、且其の相互関係に於て国家の政策の手段としての戦争を抛棄することを其の各自の人民の名に於て厳粛に宣言する」と明記された。第二条には「紛争又は紛議は、其の性質又は起因の如何を問わず、平和的手段に依るの外之が処理又は解決を求めざることを約す」とあった。

日本は、この条約に言う「戦争」には「自衛戦争」は入らないとの解釈のもとに調印したが、代表団が帰国後、批准にあたって、野党が「人民の名に於て」という字句が天皇主権の体制と矛盾すると批判した。枢密院でも批判が高まる中、外務省の参与官であった植原が英字紙の記者に枢密院の反対は「現内閣に悪意を有する」ためと発言したため、辞任に追い込まれた。植原は森外務次官の部下でもあったので、森も外務次官を辞め、政友会の幹事長に横滑りした（小山、二四二〜二四三頁）。結局、不戦条約は、「人民の名に於て」の部分は日本には適用されないという留保付きで批准された。

このように一九二〇年代末の時点でも、国際的には、戦争違法化を願う声は強く、それが条約にまでなったのである。しかし、日本では満蒙問題を武力で処理しようとする声が関東軍を中心としてむしろ強まっており、三年後には「満州事変」が強行されるのであった。それでも、日本は「戦争」という表現は避け、「事変」と呼ぶことで、不戦条約違反との批判をかわそうとした。

4　張作霖爆殺事件と田中内閣の総辞職

†北伐軍の北京入城と田中政権

蔣介石率いる国民革命軍は、一九二八年六月に北京に入城し、満州以外の中国本土は国民党政権によって統一された。この国民革命軍が北京に接近するにつれて、日本政府内部では、満州に撤退する張作霖をどう位置づけるか、をめぐって対立が表面化していた。田中首相は、以前から張作霖が満州の地方権力者にとどまり、日本の満蒙権益を擁護することを願っていたので、張作霖の満州撤退を受け入れる立場を代表していた。河本大作や石原莞爾など関東軍の若手将校は、むしろ張作霖を排除して、日本が満蒙を「領有」すべきと考えるようになっていた。

それは、中国本土での国権回復運動が活発になるにつれ、満州でも国権回復の主張が台頭していたからであった。とくに、奉天に国民外交後援会が結成され、旅順や大連、満鉄の返還を要求し始めた。また、一九二七年一二月には満鉄に並行する線路が開設され、満鉄の収入が減少し始めていた。しかも、張作霖の地方権力はこの国権回復運動を黙認しているように感じられた関東軍の若手将校は、張作霖を見限り、日本が直接、満蒙を領有するしか満蒙の特殊権益を守る方法はないと考えるようになっていった。

†石原莞爾の満蒙領有論

石原莞爾は、一八八九（明治二二）年に山形県で生まれ、陸軍幼年学校時代に勃発した日露戦争で日本が「辛勝」したことに衝撃を受け、早くから軍事戦略の必要性を痛感した。その後、一九〇七年に陸軍士官学校に入学（二一期）し、陸軍大学校に進んでいる。第一次世界大戦後には、一九二三年から二年半ドイツに留学し、総力戦時代の到来を実感した。その経験から日米間で将来、総力戦が戦われるのは必至で、それが「最終戦」になると考えるようになった。満蒙領有も、そのための資源や工業力の基地として不可欠と考えた。一九二七年末に書いた「現在及び将来に於ける日本の国防」の中で満蒙領有論を展開したが、翌二八年秋から関東軍の参謀になった。西欧では第一次世界大戦があまりに膨大な被害を出したため、国際連盟や欧州合衆国構想など、紛争を平和的に解決する道が模索されたのとは対照的に、石原は第一次世界大戦の教訓を総力戦時代の到来や「世界最終戦」の準備の必要性としてしか把握しなかった。

†河本大作の張作霖排除論

河本大作は、石原より六歳年上で、一八八三（明治一六）年に兵庫県で生まれた。陸軍幼年学校を卒業後、一九〇三年に陸軍士官学校に入学（一五期）、日露戦争に従軍した後、一九一四年に陸軍大学校に入学。関東軍参謀には石原の二年前の一九二六年に着任している。

河本が、張作霖爆殺の実行者であることは彼自身が一九四二年一二月に行われたインタビューで認めているが、その中で、国権回復運動が激しくなっていたころの満州について、こう語っている。「満鉄に対する包囲線が出来上ったり、或はまた現地を知らない日本内地の人々のうちには関東州を還付せよといった暴言を吐くものもあった程で日本の権益は蹂躙されて行く一方であった。しかも、当時の奉天総領事吉田茂が張作霖の所へ談判に行っても、張作霖は都合の悪い話になると急に歯が痛い等と言っては引込んでしまう、未解決の問題が山積する有様であった。実際支那本部の軍閥よりも排日的空気が濃厚であった。そこで私はこの儘ではならぬ、何んとか今のうちにしなければならぬと考えた。」と（森、二六二頁）。

†陸軍内世代対立の深刻化

しかも、陸軍の中堅将校は、日本本土で二葉会や木曜会といった研究グループを結成して、陸軍の改革や満蒙問題の解決策を検討していた。二葉会には河本のほか、板垣征四郎、土肥原賢二などがいたし、木曜会には、石原や鈴木貞一など少し若手が参加していた。いずれも満州事変の中心となる将校で、陸軍中央が張作霖擁護政策をとっていた頃から、張作霖排除論はこれらのグループの共通認識であったという（戸部、二〇一六年、一〇五頁）。

このように、陸軍の中では世代対立が深刻化していた。二葉会や木曜会に参加した将校のほとんどは日露戦争ごろに二〇歳前後で、日本の勝利に感激し、日本の「大国化」に自

図22　張作霖爆殺事件で爆破された車両

信をもった世代であった。彼等より上の世代の場合には、日本はまだ弱いという自覚があり、英国など列強との協調を不可欠と考える傾向が強かったのと対照的であった。

また、第一次世界大戦体験を通じて、総力戦時代の到来を強く意識し、将来の総力戦のために軍拡や領土拡大を当然視していた。また、北一輝などの影響を受け、「堕落」した政党政治家を排除して、天皇の下に軍部中心の政治体制を構築する「昭和維新」に使命感をもった世代ともなった。しかも、この世代は、軍部だけでなく、一八八六年生まれの大川周明、一八八三年生まれの北一輝のように、思想界にも同世代の理解者を持っており、彼らから思想的な影響を受けていた。

†張作霖爆殺事件の勃発

蔣介石率いる国民革命軍が北京に近づく中、張作霖は六月二日、大元帥としての最後の謁見式を行い、翌三日の午前一時、奉天に退却するため、特別列車に乗車した。四日午前五時半、張作霖の乗った列車が奉天郊外に差し掛かったところで爆発が起こり、張作霖は死亡した。この事件に関する日本での報道では「満洲某重大事件」と書かれ、犯行は、当初、「南軍便衣隊（民間人の服装をした国民軍部隊）」によると報道されていた。

しかし、奉天総領事のマイヤーズは、事件直後から日本人の仕業と見て、「日本保護下の独立国」が満州に成立する可能性を国務省に報告した。また、日本でも、一九二八年末には関東軍の関与が噂されるようになり、河本大佐の名が浮上した（入江、二二二、二二九頁）。

当事者とされた河本は、先の証言でこう語っている。「武藤軍司令官もこの会議（東方会議のこと）に出席され、満州問題は外交では解決し得ず、武力に依る外か解決の道なしと主張された。この武藤軍司令官の意見が容れられて、同会議は適当な機会を見て、武力解決を断行するということに決議が一致した、そして関東軍はこれに対する準備をせよとの内訓を受けた」（森、二六四〜二六五頁）と。

つまり、河本によると、爆破事件は、河本の単独犯行ではなく、東方会議での決定に基づく関東軍の組織的な作戦ということになる。しかし、東方会議の決定である「対支政策要領」の八項では、「万一動乱満蒙に波及し治安乱れ」る場合には、「適当な措置にでる」

と決められたが、これが張作霖爆殺のような謀略を含むかどうか、疑問である。田中首相が、当初、河本の責任を追及する姿勢を示したところを見ると、張作霖爆殺は、東方会議決定から逸脱したものと解釈した方が無理がないと思われる。

✝田中首相の反応

六月末になって陸軍は、河本大佐を召喚して、調査したが、「南方便衣隊の犯行」との結論をだした。それでも、中国や英字紙では日本人の犯行説が流れ続けていたので、田中首相は、九月になって憲兵司令官を満州に派遣して調査にあたらせた。その報告書が一〇月末に提出されたが、そこでは、河本大佐ら関東軍の参謀が企画し、張作霖爆殺後に動乱を誘発させ、関東軍が治安出動するという筋書きだったことが判明した。この治安出動は陸軍中央が拒否したため、不発に終わったが、後の満州事変に類似した筋書きであった。

この調査結果を受けて、田中首相は、一二月二四日に参内し、昭和天皇にこう報告した。「作霖横死事件には遺憾ながら帝国軍人関係せるものあるものの如く、目下鋭意調査中なるを以て若し事実なりせば法に照らして厳然たる処分を行なうべく、詳細は調査終了次第陸相より奏上する」と（田中、下、一〇三〇頁）。

†元老、西園寺公望の見解

田中首相から日本人の関与の可能性を聞いた元老の西園寺は、一九三〇（昭和五）年四月ごろに側近の原田熊雄が聞き取ったところによると、こう話したという。

「萬一にもいよいよ日本の軍人であることが明らかになったら、断然処罰して我が軍の綱紀を維持しなければならぬ。日本の陸軍の信用は勿論、国家の面目の上からいっても、立派に処罰してこそ、たとへ一時支那に対する感情が悪くならうとも、それが国際的に信用を維持する所以である。かくしてこそ日本の陸軍に対する過去の不信用をも遡って恢復することができる。日本の陸軍も、もうかういふ風に、綱紀を紊すやうな者があれば厳格に処罰せられるのだといふことが判れば、即ち支那や満洲で陸軍が今不信用なことをしたが、今日はすでに時勢が変って厳格なる軍紀の下にさういふことができないやうになったといふことが判れば、支那自身に対しても非常にいい感じをロングランにおいてもたせることができる」（原田、一巻、三〜四頁）と。

†陸軍の抵抗

しかし、田中首相の厳罰論はおひざ元の陸軍から強い抵抗を受けた。白川陸相は、軍部首脳の意見として、帝国国軍の威信を失墜させない為に責任者処罰の範囲は小範囲にして且軽微のものにすべき、と主張した。野党の民政党は議会で政府の責任を追及したが、田中首相は、一九二九（昭和四）年一月、野党党首と会談し、調査中を理由に慎重な扱いを要望したため、野党の追及は中途半端なものに終わった（田中、下、一〇三一、一〇三七頁）。また、閣内では、田中首相の厳罰論に同調する意見は少なく、閣議では、関東軍の関与は認めず、警備不備の責任を問う形で、関東軍司令官の村岡長太郎を予備役編入、河本大作を停職とする処分を決定した。

†昭和天皇の叱責

六月二七日、田中首相は、「満洲某重大事件」について昭和天皇に報告した。『昭和天皇実録』によると、昭和天皇は、田中首相から「張作霖爆殺事件に関し、犯人不明のまま責任者の行政処分のみを実施する旨の奏上をお聞きになる。今回の田中の奏上はこれまでの説明とは大きく相違することから、天皇は強き語気にてその齟齬を詰問され、さらに辞表提出の意を以て責任を明らかにすることを求められる。また田中が弁明に及ぼうとした際には、その必要なしとして、これを斥けられる。」と。

翌二八日に田中首相は、侍従長の鈴木貫太郎に会い、天皇に再度弁明する機会を求めたが、その折のやり取りについてはこう述べられている。「鈴木は天皇の御内諾を得て内閣総理大臣田中義一を宮中に招き面会、昨日の総理が拝謁した際の天皇の御真意につき、改めて伝達する。また田中より拝謁の上、説明致したしと要求したことに対しては、侍従長より、天皇は御聴取を思召されずと伝えられる。これにより田中は最早御信任を欠くとして、内閣総辞職の意を決する」と（五巻、三九四〜三九六頁）。

こうして田中首相は張作霖爆殺事件の処理をめぐる不手際の責任をとる形で、一九二九（昭和四）年七月二日に総辞職することになった。代わって、民政党の浜口雄幸内閣が組閣された。天皇からの不信任を突きつけられる形で辞めざるをえなかった田中は、心労が重なり、九月二九日に死去した。しかし、内閣が交代しても、張作霖爆殺事件の真相は公表されなかったし、河本らの軽い処罰の見直しも行われなかった。白川陸相が昭和天皇への上奏で、真相の公表が「国家の為に不利」と説明していたのを昭和天皇も了承していたことが壁になったと言われている（波多野、一二七頁）。結局、首相の交代だけで幕引きとする因習が問題の根本解決を妨げたといえるだろう。

また、昭和天皇はずっと後になって「あのときの言葉は少し云い過ぎだった」（田中、下、一〇四三頁）と述べたといわれる。田中首相が辞任し、程なく死去したというこの結末は、以後、昭和天皇が政府や軍の決定を覆すような介入を自制する効果をもたらしたといわれる。しかし、一九三〇年代に入ると、軍部の暴走がめだってゆくだけに、明治憲法上は軍隊の最高司令官である天皇が軍部の暴走を止めないという矛盾を生み出すことになった。

✝張作霖爆殺事件処理の否定的影響

張作霖爆殺事件の処理が曖昧な形で終わったことは、後々、様々な面で否定的影響を残した。『田中義一伝記』の著者はこう述べている。「事件の責任者を処罰し得なかったこと自体が満州事変を招来し、或は不可避としたと解すべきである。何故ならば処罰することによって、如何なる事態を惹起するにせよ、事変は予防され得た筈であったからである。従って満州事変から支那事変、支那事変から太平洋戦争、此の一貫した軍部独裁による戦争行為は張作霖虐殺責任者の処罰を断行し得なかった日本の甘受すべき因果応報であった」(田中、下、一〇二七頁)と。

この記述には、犯人への厳罰を主張しながら果たせずに内閣総辞職に追い込まれた田中義一の無念さを、伝記作家が代弁したための誇張が含まれているかもしれない。しかし、先にふれたとおり、張作霖爆殺事件の主犯である河本が考えた筋書きと満州事変の展開が類似していたし、その上、満州事変の中枢に河本は関わることになる。

†満州事変への連続性

張作霖爆殺事件の主犯でありながら、退役という軽い処分で済んだ河本は、そのご、森恪や大川周明などと、全国の要人に満州問題の武力解決を説得して回った。そして、満州事変の直前には満州に渡り、こう行動したという。

「満洲事変挙事の軍用金のことは、私が七万円を調達し、三万円を以て飛行機で飛んで、九月九日に奉天に来た。ところが挙事は取止めたという。今田や三谷は、板垣・石原の腰が砕けたというので憤慨して私にやって呉れという。……石原の所へ行って訊して見たら決行するのだ。唯噂が拡まって来たので表面は取止めた風を装った。板垣も自分も決して変心してはいないと本心を打明けた。柳条湖事件発生の翌十九日、私は満鉄側の協力を求めるために大連に赴き、星ケ浦で、十河に会った。また二十日には飛行機で京城に飛び、朝鮮軍を説き付けて、新義州より軍を満洲に進めさせた」（森、二七二頁）と。つまり、河本は、満州事変にも深く関わっていたのであった。

†張作霖爆殺事件の反響

張作霖の爆殺後の満州に親日的な地方政権の樹立をめざすという河本らの思惑も大きく

外れた。父親を謀殺された張学良は、日本への恨みの感情を募らせ、むしろ、蔣介石政権に服従する道をえらんだ結果、一二月二九日に国民政府の青天白日旗を満州に掲げるに至った（易幟《えきし》）。つまり、張作霖の爆殺の結果、満州には反日的な張学良政権の誕生という逆効果を生み出したのであり、その結果、関東軍幹部としては日本の権益維持のためには、満州を日本が直接領有するしかないと考えるようになってゆく。

また、中国本土では、七月後半ごろから犯行に日本軍人が関わっていたとの説が流布されるにつれて、反日運動が激化し、七月二一日から二八日に上海で全国反日団体代表大会が開催された。駐中国英国公使アシュトン＝グワトキンは、日本が一九二五年から二六年の英国の立場になりつつあると観察した（後藤、一五五頁）。

張作霖爆殺事件の教訓

張作霖爆殺事件には様々な教訓がある。第一に、北伐軍の北京入城の時点でも日本政府や陸軍中央は、張作霖を支援することで満蒙の利権を保持しようとしていたのだから、張作霖の爆殺はあきらかに命令違反の行為であった。第二に、一時的にせよ、中国政治に大きな影響力をもった政治家を、「中国人の犯行」と見せかけて、謀略的に殺害した行為は、日本軍の威信を著しく低下させるものであった。第三に、それ以前から日本の対中国外交には、外務省と陸軍の「二重外交」が特徴的であり、張作霖爆殺はその最悪形態であったし、日本政府がいかに統一的な外交遂行に欠けていたかを示す事例にもなった。

それだけに、昭和天皇が強く希望したように、この事件を軍紀違反として厳しく処罰しておけば、その後の関東軍の暴走はかなりの程度抑止された可能性があっただろう。

†石橋湛山の満蒙特殊利権論への批判

関東軍の暴走の背景として、日本の満蒙利権死守の考えが、当時の田中内閣や河本などの関東軍幹部に共有されていた点も重大であった。それは裏返すと、国民党政権による中国統一を否定的に、ないしは日本にとって不都合なものと考えることに繋がっていた。しかし、知識人の中には、満蒙特殊権益という考え方そのものの発想転換を求める声もあった。例えば、石橋湛山は、一九二八(昭和三)年一二月一日の『東洋経済』社説でこう言っていた。

「関東半島租借権にしても、南満鉄道にしても、満蒙におけるその他の放資や事業経営にしても、他の支那領土における治外法権や、経済上の諸特権やと、何ら異なる性質のものではない。支那国民が覚醒し、鞏固なる統一政府が出来、相当の理由を具して、先に付与した前記の如き諸特権の改訂または回収を要求し来る場合においては、その対手国はこれに応じて合理的な解決を行い、これに満足すべきはずのものである」（石橋、一六一頁）と。

つまり、石橋は、日露戦争で「血と財とを費やして」獲得した満州であっても、中国に統一政権が樹立されたからには、その利権の在り方を「合理的」に見直すのは当然のことと主張し、満蒙特殊権益の死守論をたしなめていたのであった。

†吉野作造の国民党政府承認論

国民党政府による中国統一が迫った一九二八年七月号の『中央公論』に吉野は「支那の形勢」と題した論文を寄せ、こう書いた。

「南方国民軍の北方略服を以て漢土統一の端と観る人は、満蒙も必ずや近き将来に於て統一民国の一部となる運命を疑わぬであろう。従来の行掛り上ここ暫くは満蒙に於ける覇政の絶滅を期し難いかも分らない。併しそはただ時の問題に過ぎないと観る。張作霖の代りに誰れが覇王となったにしろ、其人の使命は、暫く満蒙の混乱を抑へ機を熟するを待って徐ろに之を中央に捧ぐる役目をつとむるにすぎない。」（吉野、九巻、三五二〜三五三頁）と。

つまり、吉野は、国民党による中国統一が実現した暁には、満蒙の支配は早晩中国本土に返還されるのが筋と主張していたのであった。このように、中国の国民党政権を中国の正統政府として承認し、不平等条約の改正や一部利権の返還などが当時の日本政府によって、行われていれば、満蒙利権の一部を継続させて、関東軍などの暴走を抑止する可能性はあったのではないだろうか。事実、英国は、そのような道を選択することで、英中関係の改善に成功していったのであった。

第六章

ロンドン海軍軍縮条約から満州事変へ

ロンドン会議の開会式で演説する若槻首席全権

1　浜口雄幸内閣の成立

†浜口雄幸とは

浜口雄幸《おさち》は、一八七〇（明治三）年に高知県で水口家の三男として生まれたが、成績優秀で浜口家の養子となった。一八九八年に東京帝大法科大学を卒業後、大蔵省に入ったが、大臣官房会計課長時代に大臣秘書官と対立し、長年、地方勤務を余儀なくされ、外国留学にも出されず、大蔵官僚としては非エリート・コースを歩んだ。しかし、土佐人脈から三菱の岩崎家と繋がりができたという。また、地方勤務時代の浜口の中央復帰に尽力したのは大蔵省の先輩だった若槻礼次郎であり、以後、二人は盟友となり、一九一四年、大隈内閣で若槻礼次郎が蔵相に就任すると、その下で大蔵次官を務めた後、翌一五年に立憲同志会から衆議院議員に当選、以後、憲政会、立憲民政党に所属して、六回当選。二六年に成立した若槻内閣では蔵相や内相に就任した。

一九二七年六月に憲政会と政友本党が合併して立憲民政党が結成されると総裁に選ばれ、田中義一内閣時代には最大野党の総裁として、田中内閣批判を展開した。例えば、山東出兵の際には、機関紙の『憲政』一九二七年九月号で「何等の手段を尽くさずして出兵を断行し非常の誤解を支那人に与へ、非常の反感を南軍に挑発」したと批判した（波多野、八九頁）。

†浜口内閣の特徴

張作霖爆殺事件の処理で辞職した田中内閣の後を受けて発足した浜口内閣は、蔵相に日銀総裁を務めた井上準之助を迎え、緊縮財政と産業合理化を推進した。外相には幣原喜重郎が再任され、田中内閣による対中強硬外交によって悪化した日中関係の改善に努め、国際協調外交を推進した。陸相には、清浦内閣と第一次若槻内閣で陸相を務めた宇垣一成が再任された。宇垣は日記に「浜口氏の進む道は消極たるを免れぬけれども真面目である、真剣味を比較的帯びて居る。是非成功せしめ度ものである」（宇垣、一巻、七二四頁）と書いた。海相には、加藤友三郎、第二次山本権兵衛、加藤高明、第一次若槻内閣で海相を務め、山本権兵衛の女婿であった財部彪《たからべたけし》が任命された。

組閣名簿を見た牧野内大臣は「意気込頼母敷感じたり」と日記に書いた。また、牧野から組閣名簿を見せられた昭和天皇は「良い顔触れなりとご満足」の様子だったという（波多野、一一六頁）。田中内閣と宮中は摩擦が多かったので、昭和天皇もホッと一安心だったのであろう。新聞各紙も、浜口のまじめさや頑固さに期待し、その風貌からライオン宰相と呼んだ（波多野、一一六、一二二頁）。

七月九日には一〇大政綱を発表、政治の公明、民心の作興、綱紀粛正、対中外交改善、軍縮、非募債と減債、金解禁、社会政策、教育改善の一〇項目を掲げた。金解禁については、米英などの先進国がすでに金本位制に復帰していたが、日本は関東大震災からの復興を優先し、復帰が遅れていた。浜口内閣としては財界の要望に応えて、一九三〇年一月からの金解禁を実施した。また、ロンドンで開催された海軍軍縮にも前向きの姿勢を示したので、世論は好意的に受け止めた。また、政友会は、田中内閣の対中強硬政策による行き詰まりなどがあり、不人気だったので、三〇年二月の総選挙では民政党が二七三議席、政友会が一七四議席、無産政党が五議席となり、民政党の圧勝となった。浜口内閣の滑り出しは上々であった。

2　ロンドン海軍軍縮会議と統帥権論争

†ロンドン海軍軍縮会議の開催

一九二一年から二二年にかけてワシントンで開催された海軍軍縮会議では、主力艦の削減で合意したが、補助艦は対象外であったので、会議後には補助艦での建艦競争が激しくなっていた。そこで、一九二七年二月に米国大統領のクーリッジが主要五カ国にジュネーヴで軍縮の協議を行うように呼びかけたが、米英の間の大型巡洋艦をめぐる対立で成果なく終わった。

一九三〇（昭和五）年一月から今度はロンドンに場所をかえて、海軍軍縮会議が開催されることになった。財政削減を重視する浜口内閣は、海軍軍縮を重視し、若槻元首相を首席全権に、財部海相を全権として派遣することを決定した。米国は、補助艦でも米英日の比率を一〇：一〇：六とするように主張した。日本側は、①補助艦全体として対米七割、②大型巡洋艦も対米七割、③潜水艦は現有の七万八千トン維持、の三原則で臨むことにした。

米国全権のデイヴィッド・リード上院議員と日本側の松平恒雄全権との間で妥協案の作成が模索された結果、補助艦保有量を総トン数で対米六割九分七厘五毛とし、潜水艦は対米一〇割とする案が提出された。この案については、米国の首席全権であったヘンリー・スティムソン国務長官も、英国代表団も賛成していた。日本側では、若槻首席全権が賛成だったが、海軍軍令部長の加藤寛治や末次信正次長があくまで対米七割の実現を貫くように主張した。

そこで、浜口首相は、三月二七日に昭和天皇に拝謁し、天皇から「世界の平和の為め早く纏める様に努力せよ」との発言を受け、閣議に提案することを決意した。海軍側では、軍事参議官の岡田啓介大将が閣議提出を認めたものの、加藤軍令部長は、「用兵作戦上からは米国案にては困ります。……用兵作戦上からは……」と発言するにとどまったという。その結果、閣議では、日米妥協案の受諾を決定するとともに、海軍の不足兵力の補充を図ることが決定された（筒井編、二〇一五年、七五〜七六頁）。こうした経過を経て、補助艦に関する海軍軍縮条約は、四月二二日に調印された。

†条約批准をめぐる統帥権干犯論争

調印された海軍軍縮条約の批准段階になってから、この条約が「統帥権干犯」だという激しい批判が野党の政友会や海軍の一部から発生した。海軍軍令部は、天皇の海軍面での統帥権を支える機関であり、首相の同意なしに、直接、天皇に作戦や用兵などの統帥事項を上奏できる「帷幄上奏」の権限があった。加藤軍令部長は、ロンドン海軍軍縮に関する日米妥協案に反対する方向で、この権限の行使を考えた。しかし、鈴木貫太郎侍従長が、首相の上奏内容と軍令部長の上奏内容が異なる場合に、天皇がどちらかを選択する状況を迫られるのを避けるため、加藤部長の上奏を延期させ、首相の上奏を先行させた。その結果、日米妥協案を天皇が了解した後で、加藤は上奏をすることになり、「慎重審議を要す」といった曖昧な上奏をするにとどまった。

しかし、海軍内では、浜口首相が強引に軍縮案をまとめたという反発が強まった。また、野党の政友会では、森恪がこの経過が天皇の「統帥権」に対する侵犯にあたると考え（森はその示唆を北一輝から受けたとの説もある）、倒閣の材料として追及することを決意し、海軍幹部と接触した（小山、二六四〜二六五頁）。

図23　ロンドン軍縮条約の批准成立をラジオ放送する浜口首相

†昭和天皇とロンドン海軍軍縮条約

昭和天皇やその側近はロンドン海軍軍縮条約に肯定的であった。『昭和天皇実録』によると、一九三〇（昭和五）年三月二七日に天皇は、浜口首相から「ロンドン海軍軍縮会議の経過大要及び本問題解決に関する所信について奏上をお聞きになる。それより浜口に対し、世界の平和のため早くまとめるよう努力せよとの御言葉を賜う。……一方、海軍軍令部長加藤寛治・同次長末次信正を始めとする強硬派は対米七割は最低限度の絶対数量であるとして三大原則の絶対性を主張し、米国案を受諾するのは不可能であると強く反発した。この日浜口総理は御前を退下後、加藤軍令部長・軍事参議官岡田啓介と会見し、その際、大体の方針としては請訓案（日米妥協案のこと——引用者）を基礎として協定を成立せしめ、会議の決裂を防止したい心持ちを有すると決心を示した。これに対し、加藤は会見後岡田に、私の腹は決まりました、結局飛行機に重点をおけば国防は保持できると述べ、日米妥協案に消極的ながらも同意する意味の発言を行った。」（五巻、五六一〜五六二頁）。

　つまり、この実録の記録からは、昭和天皇が条約を「早くまとめる」よう希望していたこと、加藤も一時は同意の意思を固めていたことがわかる。ところが、四月二日になると、加藤は「慎重な審議を要する」と上奏したが、『実録』によると、「この度の軍令部長による帷幄上奏は、回訓案については一切触れず、また米国提案への同意によって国防の遂行が不可能になると主張することもなく、ただ帝国国防方針の変更を要するというのみであったため、思召しにより単に聞き置くにとどめられる」（同、五六七頁）。つまり、加藤の慎重論を聞いても、昭和天皇は「聞き置く」だけで、条約の見直しの必要は感じなかったのであった。

†議会での批准審議

四月二二日に第五八回特別議会が召集されると、野党の政友会は、ロンドン海軍軍縮条約の調印までの過程が「統帥権の干犯」に当たると追及し始めた。明治憲法の第一一条には、軍隊の作戦・用兵は天皇の大権に属すとなっていた。他方、兵力量の決定は、憲法第一二条により、内閣の輔弼事項であった。加藤軍令部長は、野党の追及が始まると、一転して軍縮条約の調印が「統帥権の干犯」にあたると主張し始めた。海軍の二大長老である東郷平八郎元帥や伏見宮大将もこれに同調して、条約の破棄を言い出した。

しかし、昭和天皇が条約賛成の意向と分かると、伏見宮は賛成に転じたという。また、元老の西園寺も、条約の成立に尽力し、批准が成立した後にこう述べた。「一体パリの講和会議後の新機軸であった平和の促進とか、人類の幸福といふ精神に立脚してゐる今日、攻撃的の設備をしようといふ国は何所にもない。要するに防御の軍備は口にするが侵略的に出るやうな軍備について云々するものは今日何所にもない」(原田、一巻、八八頁)と。

つまり、西園寺からすれば、ロンドン海軍軍縮条約は、ヴェルサイユ講和条約以来の平和促進の一環であって、当然批准すべきものであった。このように天皇とその周辺が軍縮条約推進の立場であったことが、海軍の一部や政友会の反対にもかかわらず、条約が批准された原因の一つであった。しかも、統帥権は天皇にあり、その天皇が条約に賛成していたわけだから、軍縮条約の調印を「統帥権干犯」と主張するのには無理があった。

†主要新聞の動向

主要な新聞は、当初から海軍軍縮を歓迎する論調を示した。『朝日』はロンドン会議の開会日に社説で、カントの永久平和論から説き起こし、ワシントン会議の結果、米英の海軍費は約三分の一になったのに対して、日本では二分の一になったと評価した。また、同日の『日日』は「軍備の競争を人類界における悲しむべき事態と見ることに何人も異議がない」と書いた（荒瀬、三四頁）。

また、一九三〇年半ばになると、米国で前年一〇月に始まった大恐慌の影響が日本にも及び、生糸輸出が減少したり、農産物価格が暴落し始めたので、経済復興のためにも軍事費を削減して、民生費の充実を支持する声が高まった。『朝日』の八月一日号では「空前の経済困難を打開する上に軍費の節約が絶対必要なることは今や国民の常識である」と書いた。

さらに、統帥権干犯問題が浮上していた頃に、『朝日』は、帰国した若槻全権を招いて、特別講演会を開催したが、入場券が売り切れる程盛況であったという（荒瀬、三四〜三五頁）。

また、『朝日』の五月二五日の社説では「統帥権より国民負担の軽減」と出して次のように主張した。「海軍軍令部長は、国防用兵の事以外に、軍事に関する限り条約の批准権をも輔弼せんことを要望するものであり、国防を理由として、外は条約締結に、内は予算編成に関する拒否の最高権を要求するものに外ならぬのである。それ故に問題は責任内閣が統帥権を干犯したのではなくて、却て軍令部が条約大権を干犯し、予算編成の政府の権能と、予算協賛の議会の権限を干犯せんとするものである」（原田、一巻、六九頁）と。

つまり、ここで『朝日』が強調したのは、海軍軍令部長が主張する統帥権の干犯の故に条約の破棄を求める論理は、政府の条約権や予算権の侵害にあたるというものだとして、加藤を厳しく批判するものであった。さらに、『朝日』は、七月一一日に「軍人は政治に干与すべからず、武官大臣制の矛盾」と出した社説で、こう主張した。「政党内閣制のガンであると共に、統帥権の真の独立のためにも軍政と軍令とを明かに分けて、軍政は他の国務と同様に文官大臣の下に内閣の連帯責任をもって行はしめねばならぬ」（荒瀬、三六頁）と。

ここでは、さらに踏み込んで、軍政に対する文民の統制を強化する主張が展開された。このように、海軍の一部や政友会が主張した統帥権干犯の議論は、主要新聞からはむしろ政府の条約締結権や予算編成権の侵犯と批判されることになった。

†美濃部達吉の文民統制論

憲法学者の美濃部達吉も軍部に対する文民統制の強化について、一九三〇（昭和五）年四月二一日の『帝国大学新聞』で「軍の編制（国防）を定むることについての輔弼の権能は、専ら内閣に属するもので、軍令部に属するものでないことは勿論、又内閣と軍令部との共同の任務に属するものでもない。」と主張した。また、一九三四年には、「自ら軍部の一員たる陸海軍大臣が軍部の意向に反する決議に賛成することは容易に期待し得ないのであるから、実際上は内閣が軍部の意見に反する決議を纏めることが、殆ど不可能であることは、今日までの実例に依って知り得るところで……政府をして真に独立の政治上の見地から、軍部の意見にかからず兵力量を定め得べからしむるには、軍部大臣の武官制を撤廃するより外途は無い」（藤村・後藤、二三四〜二三八頁）と主張した。

つまり、統帥権論争は、むしろ、軍部に対する文民統制の強化の必要性を強調する議論にも発展していたのであった。

†政党政治の危機

「統帥権干犯」論争を通じて、むしろ軍部に対する文民統制の必要性が強調される一方、石橋湛山などは、政友会などが海軍の一部に同調して、民政党政権を攻撃するのは政党政治の危機につながると、『東洋経済』の一九三〇（昭和五）年五月二一日号の社説で警告した。

「政党の腐敗の故に、兵力量決定権を帷幄の中に取り入れんとするならば、啻《ただ》に兵力量決定権のみならず、およそ国民の安危に懸るすべての決定権を帷幄の中に保留すべきであって、その結果は結局議会政治の否認である。

されば、この問題に対する政友会の態度が、議会の討議においてもすこぶる曖昧を極めたのはむしろ当然である。政友会があくまでも軍令部を支持して政府を攻撃するならば、結局自ら議会政治と政党の活動を否認し、自縄自縛の禍を将来に胎《のこ》すものに他ならない。」（石橋、一八〇頁）と。

つまり、政党が、軍部に同調して、軍部の権限を強化することは議会政治や政党政治の自己否定につながると、石橋は警告したのだが、それは、不幸にして三〇年代には現実になってゆくのである。

†浜口首相に対するテロ

ロンドン海軍軍縮条約の議会での承認は、民政党が圧倒的多数を占めていたし、世論の支持もあったので、政友会からの批判はあったものの、比較的容易であった。しかし、条約の承認には、天皇の諮問機関である枢密院の承認も必要であり、通過が危ぶまれた。しかし、海軍の軍事参議官会議が条約賛成を決議したので、枢密院も条約を批准した。海軍部内では、加藤軍令部長と条約交渉にあたった財部海相の両方が辞任という「喧嘩両成敗」的な決着で幕引きとなった（筒井編、二〇一五年、七七〜七九頁）。

しかし、民族派団体の中には怨念がのこった。多くの民族派団体は、天皇中心的な考えをもっていただけに、その天皇が海軍軍縮を支持したことは彼らにとっては衝撃だった。その結果、天皇周辺の国際協調派を排除＝「君側の奸」の一掃を狙ったテロが一九三〇年代に繰り返されることになる。

一九三〇年一一月一四日、岡山での陸軍演習の視察のために、東京駅のホームを移動中の浜口首相が右翼青年に狙撃され、重傷を負う事件が発生した。犯人は、佐《さ》郷屋《ごうや》留雄《とめお》といって、愛国社に属する二二歳の青年で、逮捕された時に「浜口首相が統帥権を犯したから発砲した」と主張したが、統帥権とは何か聞かれても答えられなかったという。

佐郷屋は、中国吉林省で生まれ、汽船会社の舵夫をした後、満州を放浪し、帰国後、一九三〇年七月に愛国社に入っていた。愛国社は、一九二八年に岩田愛之助が内田良平などの支援で創設した右翼団体で、満州問題に関心を寄せる一方、反共右翼学生の組織化に傾注していたという。

†大川周明のロンドン海軍軍縮条約批判

大川周明は、猶存社の解散後、一九二五（大正一四）年に行地社を組織し、その機関誌『月刊日本』の巻頭言を書いていたが、ロンドン条約について、六月号ではこう書いた。

「米国全権によって、敵手が己れよりも優秀なる艦隊を建造するまで、手を縛らるる如き条約に調印せりとて、其の『勇敢』を賞揚せらるる日本代表と日本政府！　吾等は殆ど評すべき言葉を知らない。而して代表は会議の成功を語り、首相は国防の安全を議会に説く。」（大川、四巻、六一七〜六一八頁）と。

ここでいう米国全権とは、スティムソン国務長官のことで、彼がロンドン条約調印後に米国議会で条約の意義を、米国海軍が日本海軍を凌駕する製艦計画の完成まで八年間、日本を現勢力のままに在らしめることに成功した点にあると説明したことを引用し、日本側の「お人よしぶり」を皮肉ったのであった。つまり、ロンドン条約を米国外交の「勝利」と評価して、反米感情を募らせていたのであった。しかし、世界は大恐慌の深刻な犠牲にあえいでいる最中で、軍縮は米国でも不可避であった面を大川は無視していた。また、一九三一年一月の巻頭言では、「ロンドン会議に於ける恥づべき屈従、浜口首相の思いがけなき遭難」などを挙げ、昭和五年は「暗澹として暮れていた」とし、昭和六（一九三一）年は「第二の維新」をめざす年にすべきと呼びかけていた（大川、四巻、六一九頁）。

†池崎忠孝の『米国怖るるに足らず』

反米感情は、米国が一九二四年に日系人を差別する移民法を制定して以来、急上昇していたが、その後は対米貿易の重要性などの認識が広まり、比較的沈静化していた。しかし、一九二〇年代末になると、米国が中国の国権回復運動に応じて、不平等条約改正に踏み切り、満蒙の利権に固執する日本をしばしば批判するようになると、反中感情が反米感情に連動するようになった。その典型が、池崎忠孝が一九二九年九月に出した『米国怖るるに足らず』という本がベストセラーになったことであった。

池崎は、東京帝国大学に入学、夏目漱石の弟子となり、一時『万朝報《よろずちょうほう》』の記者となったが、衆議院議員を三期つとめたジャーナリスト出身の政治家である。この本は、一九〇九年に米国のホーマー・リーが日米戦争に備えた防衛の強化を主張した『無知の勇気』を出版したのに対抗して、日本側から日米必戦を主張する本であった。その中で、池崎は「日本の唯一の生き場である極東にお節介をやめたり、日系移民を受け入れなければ、戦争必至」（池崎、二二二頁）と主張し、日本海軍がフィリピンやグアムを占領すれば、米海軍が西太平洋に出撃するので、そこを日本が地の利を活かして戦えば、勝利は可能で、有利な講和に持ち込めるとする本であった。この本は、九月一日に出版されるや、一年半で六八刷にもなるベストセラーとなった。

それほど、一九二〇年代末の日本には、反米感情の鬱積がみられたのだろうが、この本で予想された日米戦争は実際の展開に比べると時代錯誤的であった。この本では、日米戦争は、日露戦争のような二国間戦争で戦われると想定され、戦闘で優勢になったところで有利な条件で講和を結ぶという想定になっていた。しかし、実際の日米戦争は、連合国対枢軸国の総力戦として展開され、日本は「無条件降伏」を余儀なくされたのである。つまり、池崎は、総力戦下の世界戦争時代の到来に無自覚であった。

†北一輝の対米戦回避の勧め

この点は、対米七割に固執した当時の海軍首脳部にも妥当する。対米七割論の根拠は、米海軍が太平洋と大西洋の防衛に二分されているので、七割あれば、太平洋では優位に戦えるという想定に基づいていた。しかし、北一輝は、一九三二年に発表した「対外国策に関する建白書」でこう言っている。「日米二国間に限定せられたる戦争を思考する如きは現代世界に於て有り得べからざる事に御座候。日米戦争を考慮する時は、即ち日米二国を戦争開始国としたる世界第二次大戦以外思考すべからざるは論なし。……若し米国海軍に英国の海軍を加へ来る時、将軍等は能く帝国海軍を以て英米二国の其れを撃破し得るかと。答て曰く、不可能なり」（北、二〇〇五年、五六三頁）と。

つまり、北がいう通り、将来の対米戦は世界戦争になるのは必至であったのであるから、対米七割でも圧倒的に不足することになり、北は、それ故、対米戦の回避を主張したのであった。

†宇垣陸相の日米対立緩和論

ロンドン条約の成立を、米国による日本海軍力の抑制策とみる人々は、日米対立の激化を唱道したが、逆に、宇垣陸相などは日米対立の緩和を主張した。宇垣日記の一九三〇（昭和五）年一〇月一五日のところには、帰国直後の前駐米陸軍武官の渡久雄の報告が次のように載っていた。

「排日法の決定以前華府会議前後に於ては、米人の大多数は日本を諒解しあらざりしを以て排日行為の報復として日米間に戦争起るべしと盲信しありしを以て、軍部の一角に於て日米戦争の鋒火を挙ぐるや之れに雷同して華府会議の際の如き可なり国論も沸騰したる傾ありしも、其後世界の大勢殊に日本の立場と態度を漸次諒解し来りしを以て日米戦争起こるべしとの迷想は薄らぎ、……帝国が支那に於て機会均等主義の下に発展を図るならば米国としても実力を以て之を妨害し戦争に導く如きことは為ざるべし。」と報告した。それに対して、宇垣陸相は、「余の持論に大体一致せる観察を述べ居りたり。倫敦条約に対する我海軍内の反対論に国民の大多数が余り耳を傾けざりしも矢張り国際的理解に基くものなれば可なるも、減税の好題目に魅せられたるにありとすれば浅薄にして将来の国防に対して厄介千万の前提とも認めらる」（宇垣、一巻、七七五頁）と。

つまり、ロンドン海軍軍縮条約の調印によって、日系移民差別法が成立したころの日米対立のイメージは緩和していたことを宇垣も認めていたのであった。

†浜口首相の最後

銃弾に倒れた浜口首相は、駆け付けた医師が「総理、たいへんなことに」と声をかけると、「男子の本懐」と答えたという。浜口は、海軍軍縮条約の調印を決断したとき、山梨勝之進海軍次官に「自分が政権を失うとも民政党を失うともまた自分が身命を失うとも奪うべからざる堅き決心なり」と語ったという（波多野、i〜iii）。それほど浜口は海軍軍縮条約の成立にかけていたわけだが、国際協調派が右翼テロによってその政策を実行する機会を奪われるという、三〇年代にたびたび繰り返される悲劇の最初となった。

浜口はすぐに入院し、銃弾摘出の手術に成功したが、入院が長引いたので、首相代理を幣原喜重郎が務めることになった。年が明けて、二月初め、衆議院の予算委員会で、ロンドン条約に関して、政府と海軍の答弁の食い違いについて質問された幣原は、「この前の議会に浜口首相も私もこの倫敦（ロンドン――引用者）条約の兵力量では、日本の国防を危くするものとは考えないと云ふ意味は申しました。現に倫敦条約は御批准になって居ると云ふことを以て、この倫敦条約が国防を危くするものではないと云ふことが明かであります。」と。この答弁に対して、政友会の森幹事長が「幣原、取り消せ」と叫んだ。天皇に責任を押し付けるとは何事かという批判で、議場は混乱したという（波多野、二〇六〜二〇七頁）。

†三月事件の発覚

陸軍の中で、陸士二三期の橋本欣五郎を中心として組織されていた桜会が一九三一（昭和六）年三月に、大川周明など民間右翼と連携し、クーデタを起して、宇垣陸相を首班とする軍部政権の樹立を計画した。この計画は事前に発覚し、クーデタは失敗に終わった。この桜会は、前年の八月から一〇月ごろ結成され、武力行使による国家改造も辞さない決意で、会員は中佐以下の現役将校で構成することになっていた。しかも、この計画には、宇垣の腹心である小磯国昭軍務局長や建川美次参謀本部第二部長も関与していたという（北岡、二〇一三年、一六五〜一六六頁）。

宇垣の日記にも事件直前の二月一一日に大川周明が小磯の紹介で宇垣を訪ね、「今日の議会政治は、到底国政を託するに足らん。我々は民衆運動を起して、政党政治の非を鳴らすつもりだ。その時に或は直接行動にわたるかもしれないけれども、軍隊の出動があっても、どうか軍隊はこれを鎮圧することに努力しないで黙許してもらひたい。」と語ったという。また、「政党内閣はもう到底駄目ですから、一つ中間内閣で独裁政治にして、閣下が総理になられたらどうですか」とまで言ったが、宇垣は、自分は現職の陸相であるとして断ったという（宇垣、Ⅰ巻、七八七頁）。

†青年将校層の「昭和維新」志向

このように、大川は陸軍の若手将校に影響力を拡大していた。大川は、一九二二年に猶存社が解散した後、安岡正篤らが組織した社会教育研究所に参加したが、それを大学寮に改組し、若者への大アジア主義教育の場としていた。一九二五年に入ると、後に二・二六事件の首謀者となる西田税《みつぎ》が軍職を辞め、大学寮に参加したことで、多くの青年将校がこの大学寮に出入りするようになった。その後、大川らは、行地社を結成し、そこにも在郷軍人や現役将校が多数参加した。そうした将校の中には、小磯国昭、板垣征四郎、土肥原賢二、河本大作など、後に満州事変を主導する将校がいたという（今井・高橋、四巻、二二五〜二二七頁）。

これらの若手将校の中には、大川から大アジア主義の思想を学ぶとともに、北一輝が唱える武力に依る「日本改造」にも共鳴するものがいた。そうした現れが三月事件であり、後の二・二六事件であった。大恐慌の影響がとくに農村部で深刻化する中、とくに陸軍には農村出身者が多かったので、現状否定の意識が高まった。一方、民政党は、官僚出身者が多く、都会に支持基盤をもつ傾向が強かった上、国際協調外交を展開したので、極端な民族派からは反発を受けていた。また、贈収賄事件を起こしたり、政友会との間で泥仕合を繰り返す面もあったので、政党政治への失望が広がっていた面もあった。

†軍部独裁体制論の矛盾

しかし、北一輝が主張したような、武力で軍部独裁体制を樹立することで問題が解決するという処方箋にも問題があった。当時の政党政治が農村の貧困対策などに充分取り組んでいなかったからと言って、軍部中心の体制が平等社会になる保障はなかった。むしろ、日本の軍隊は、命令への絶対服従や鉄拳制裁が常態化した集団であったので、軍部独裁体制を理想化することには無理があった。

ロンドン海軍軍縮条約は、「統帥権干犯」などの批判を受けながら、議会での多数や天皇やその側近、主要新聞などの支持をえて、批准に成功したので、一九三〇年時点ではまだ国際協調外交を支持する世論が強かったといえるだろう。しかし、海軍軍縮条約の成立を挫折ととらえた一部の海軍軍人、満蒙の特殊地位が脅かされていると危機感を抱いた一部の陸軍軍人や民族派の思想家の間では、民政党の国際協調外交への不満が広がり、彼等を「昭和維新」の方向で結集させた面も無視できない。後に関東軍の暴走である満州事変を日本のかなりの部分が支持することになる背景にはこのような極端な民族派の結集があったと考えられる（筒井編、二〇一五年、八六〜八七頁）。

3 第二次幣原外交と中国

†第二次若槻内閣の誕生

幣原の「失言」などで議会が混乱する中で、浜口は、無理をして登院し、答弁に努めたが、衰弱が激しく、遂に一九三一（昭和六）年四月一三日に総辞職を決意した。政友会側は総裁の犬養毅の指名を期待したが、元老の西園寺は、右翼テロによって首相が負傷したことで、異なる政党に政権移譲を認めることは政党政治の否定につながると考え、同じ民政党から、浜口の盟友の若槻礼次郎を首相に指名した。その後、浜口は、自宅療養を続けたが、八月二六日に死去した。満州事変の直前の不幸であった。浜口のような信念の政治家が生きていたら、満州事変の展開は違っていたとする説もある。

第二次若槻内閣では、外相には幣原、蔵相には井上準之助が留任し、陸相には南次郎、海相には安保清種《あぼきよかず》が就任した。第二次若槻内閣は、失敗したとはいえ三月事件のような軍事クーデタの脅威を受けながら、恐慌対策を進めつつ、国際協調外交を推進するという難しいかじ取りに迫られた。

†幣原外交と中国の統一

幣原の対中外交については、浜口内閣の成立に遡って検討する必要がある。田中内閣の対中強硬外交期に山東出兵や張作霖爆殺事件が発生し、中国側の排外意識の焦点は英国から日本に移動していた。それだけに、幣原にとって、日中関係の改善は難問中の難問となっていた。幣原は、ワシントン会議以来、欧米の政治家や外交官からその交渉力を高く評価されており、一九二八年に米独間で成立した仲裁条約に基づいて発足した調停委員会の委員長に指名された（岡崎、三八八頁）。この国際的名声が果たして対中交渉に威力を発揮するかが問われていた。

他方、中国では、一九二八年六月に国民革命軍が北京に入城し、形の上では中国に統一政権が誕生したが、国民革命軍の中には旧軍閥も残っており、紛争の種となっていた。そのため、二九年三月から広西派との、五月には馮玉祥と、三〇年二月には閻錫山との戦争が勃発した。さらに、五月から蔣介石派と反蔣介石派との中原大戦が始まり、九月になって、張学良が蔣介石支持を打ち出したので、ようやく蔣の勝利が確定した。

†東支鉄道問題と中ソ戦争

国民党政府による北伐の始まりは、国権回復運動の激化をともなった。満州では、張学良政権が国民党政府への支持を表明するとともに、一九二九年七月ごろから東支鉄道で共産主義宣伝が行われているとして、ロシア人の管理者を罷免し、一九二四年以来、中ソの共同管理となっていた東支鉄道の回収に踏み切った。

中ソ対立が激化する中で、幣原は調停工作に乗り出した。また、米国のスティムソン国務長官は、当時、米国はソ連を未承認だったが、不戦条約調印直後の戦争勃発を回避させるために、仲介にあたった。しかし、調停は成功せず、八月半ばからソ連軍は黒竜江を越えて、張学良軍への攻撃を開始し、一〇月中旬には満州里を占領した。劣勢に立たされた張学良は、東支鉄道の現状回復とロシア人検挙者の釈放に応じたので、一二月初めになり、和平協定が成立した（服部、二〇〇一年、二五五～二六一頁）。

このように東支鉄道をめぐる中ソ戦争は、短期間で終了したが、ソ連軍の強さは、日本の陸軍幹部に強い危機感を与え、満蒙をソ連に対する防衛拠点としても確保する必要性があるとの意見を強めさせた。

†中国の関税自主権承認

一九二九（昭和四）年一〇月、幣原は、腹心の佐分利《さぶり》貞男を駐中国公使に任命し、対中外交の一新を狙った。佐分利は、一九二五年の北京特別関税会議の折に、積極的に中国の関税自主権を承認する姿勢を示していたので、中国側もその任命を歓迎していた。しかし、一一月に本省との打ち合わせのため、一時帰国の最中、箱根のホテルで謎の死をとげた。そのため、後任には小幡酉吉《おばたゆうきち》を指名したが、小幡は、対華二一カ条要求時代の一等書記官であったため、中国側がアグレマン（承認）を拒否、幣原は、仕方なく上海総領事だった重光葵を代理公使に任命し、国民政府との関税交渉にあたらせた。

一九三〇年一月に重光は、南京で王正廷外交部長に会い、関税自主権問題を先行させることで合意、交渉は順調に進み、三月一二日に中国の関税自主権を承認する新関税協定が仮調印された。五月六日には正式調印まで進んだ。重光によれば、「日華双方の信頼感は高まっていき、蔣介石主席も従来ドイツその他から招いていた顧問を日本人ととりかえたり、また日本から新たに軍事訓練員を迎えるようになった」という（重光、二〇一一年、一一五頁）。

†満州での対立激化

図24　重光葵

国民党政府との関税交渉が進展したものの、満州ではむしろ対立が激化していた。それは、父親を関東軍の謀略で殺された張学良が日本の利権に対する規制を強化していったからである。満鉄への競争線の営業が開始され、満鉄は、大恐慌の影響もあって、創業以来初めて赤字に転落した。また、三〇年七月に張学良は、錦州の葫蘆島に大規模な港湾の建設を開始した。完成すれば、満鉄や大連港に打撃が及ぶのは明らかだった（北岡、二〇一三年、一三〇頁）。

また、国民党政府の側も満州での国権回復を検討し始めた。王正廷外交部長は、国権回復の段階的なプログラムを発表した。第一期が関税自主権の回復、第二期が治外法権の撤廃、第三期が租界の回収、第四期が租借地の回収、第五期が鉄道利権、内河航行権、沿岸貿易権の回収となっていた。一九三一年四月一四日、重光が王に会い、借地の回収に「大連、旅順など関東州も含まれるのか」とたずねたところ、王は「もちろんふくむものである」と答えたという。これを聞いた重光は、王外交部長のこの政策は「おそらく不平等条約に関する英米との交渉がかなり進捗しているので、躊躇を見せている日本との交渉に見切りをつけて、全面的に日華関係をショウダウンに導こうとするもの」と考えた（重光、二〇一一年、一二〇〜一二二頁）。

しかも、王は、この構想を新聞に発表したので、「日本の軍部を甚だしく刺激し、幣原外交の遂行に致命的の打撃を与うることになった。」と重光は見た。このままでは日中間の衝突が必至と考えた重光は、第二次若槻内閣の成立直後に帰国して、「蘇州・杭州の如き価値の少なき租界の如きは速やかに返還して、不平等条約に対する我が態度を明らかにすべしという主張すら、枢密院の賛同を得る自信なき故をもって却けられた。内閣の閣員中、記者（重光のこと——引用者）の態度があまりに支那側に同情的なるがために、幣原外相を苦境に陥れることになると、記者に指摘して注意を喚起したものもあった。日本にお

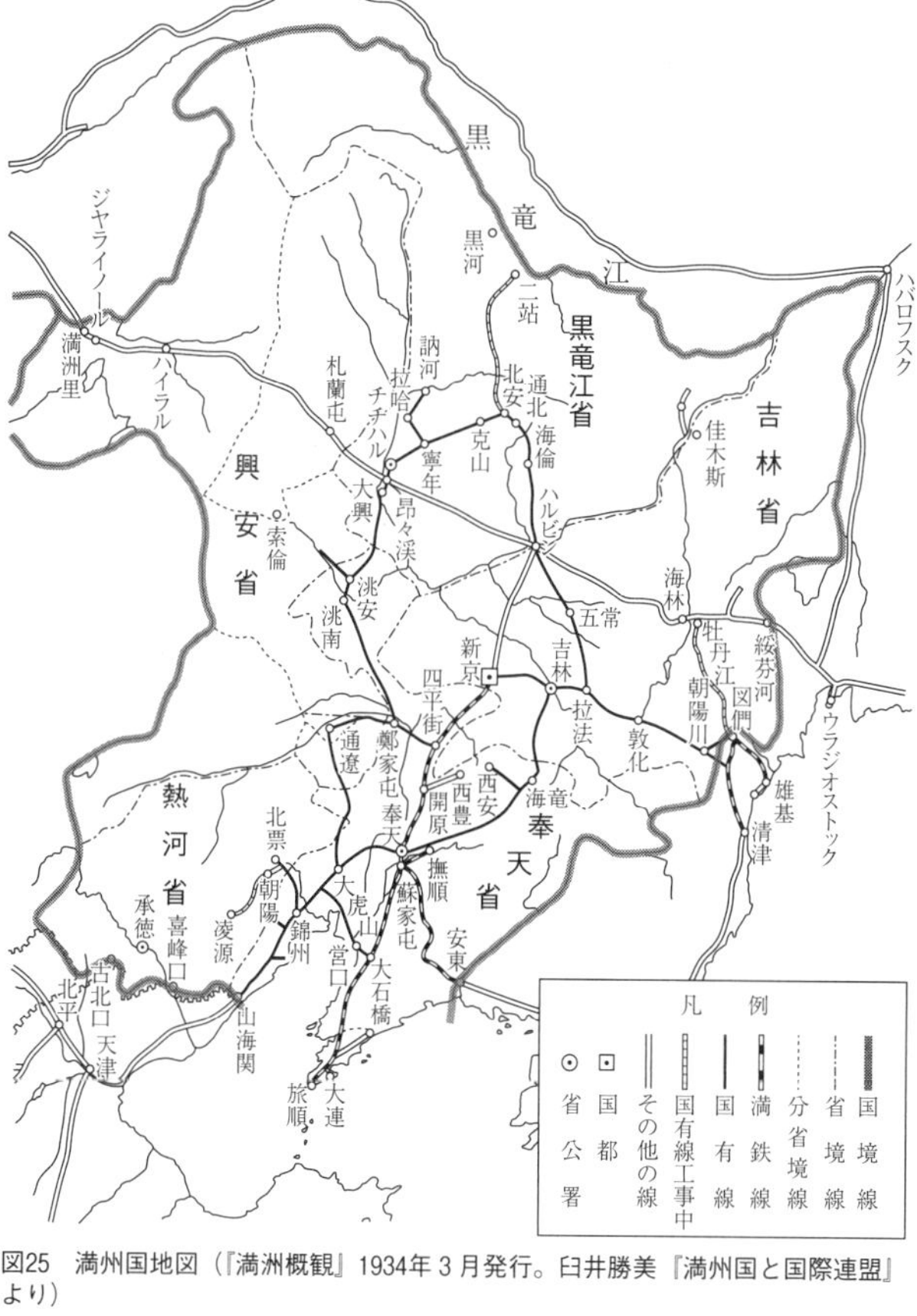

図25　満州国地図（『満洲概観』1934年３月発行。臼井勝美『満州国と国際連盟』より）

ける国粋主義は、すでに軍のみでなく、反対党及び枢密院まで行き渡っておった。ロンドン海軍条約の問題を繞って、軍の主張せる統帥権の確立は成功し、政府は辛うじて条約の批准には成功したが、すでに右傾勢力のために圧迫せられて、政治力は喪ってしまっておった。」という（重光、二〇〇一年、五五〜五九頁）。

この重光の証言は、一九三一（昭和六）年に入ると、国民党政府の満州に関する国権回復要求は、英米との関係が改善されていたので、日本に対しては、一層、厳しくなる一方、日本においては国粋主義的世論が増大していたので、日中間に妥協の余地が極めて少なくなっており、幣原外交が立ち往生状態になっていたことを物語っている。

†松岡洋右の「満蒙は日本の生命線」論

日本では、満蒙利権死守が一層声高に主張されていた。一九三一年一月には、松岡洋右、大川周明、西原亀三らが外交懇談会で幣原外交批判の合唱をしていた。なかでも、松岡は、満鉄副総裁から衆議院議員に転出した人物だけに、折から開かれていた第五九回の帝国議会で、満蒙は「我国の存亡に係わる問題である。我国の生命線である」と主張し、幣原外交を「絶対無為傍観主義」と非難した（ルー、一一四頁）。

一方、満州では、石原莞爾が一九二八年一〇月に関東軍参謀に着任し、翌二九年五月に関東軍を追われた河本大作に代わって、板垣征四郎が高級参謀として着任した。以来、二人で満州事変の立案を開始したが、三一年四月ごろには完成したという（北岡、二〇一三年、一六八頁）。

中村大尉事件と万宝山事件

六月二九日には、参謀本部の中村震太郎大尉が調査のため洮南地方を旅行中に中国軍人に殺害される事件が発生した。関東軍は、武力行使を主張したが、軍中央や外務省は応じなかった。また、六月から七月には、長春の近郊の万宝山で中国人と朝鮮人の間で、土地利用をめぐって衝突が発生した。この事件の報道が誇大に行われたため、朝鮮では反中暴動が発生、朝鮮で中国人が一〇〇名以上殺害された。この事件を受けて、南次郎陸相は満蒙問題の「積極解決」を主張したという（北岡、二〇一三年、一六九頁）。

森恪の満州視察

政友会の森恪は、同じ政友会の山崎猛らと、この万宝山事件の調査のため一九三一年七月に訪中したが、すぐ満州を訪問し、奉天で河本大作の斡旋で、石原莞爾や板垣征四郎に会ったと言われている。森らは、八月半ばに帰国したが、丁度、その頃、中村大尉事件の報道が解禁され、日本では対中「膺懲」の議論が盛り上がった。全国各地で、中国問題に関する時局講演会で、陸軍軍人が登壇すると、会場は満員盛況となったという。

森は、小磯軍務局長の協力を得て、政友会主催の帰国報告会を開催し、幣原外交を「軟弱外交」と非難したり、「国防充実」を訴えたりした。八月末には、政友会で基調報告を行い、満州での日本人の存立権は危機に瀕しており、日中官民の間に広まる無気味な対立を前に「事実上交戦直前の状態」にあると主張した。また、九月六日の『経済往来』に「急迫せる満蒙対策」を書き、「満洲は『支那』ではない」とし、「日本が管理することによって安全であり、支那人は勿論、外国人にとっても初めて存住の地たり得る」と主張した(小山、二七八〜二八九頁)。

森が、石原や板垣の計画をどの程度、事前に知っていたかは不明だが、森は、満州事変の一報を聞いたとき、「かういふことになるのだ。ほうつておけば……」と言ったといわれる(小山、二九五頁)。ここでは、当時の関東軍側の公式発表である「中国軍からの攻撃」を真に受けて、「かういふこと」と語ったと思われるので、森は、石原らの謀略までは知らされていなかったのだろう。しかし、直前に満州を視察し、満州は「事実上交戦直前」状態にあり、日本の「管理」が必要であることを、帰国後、精力的に訴えていたのだから、事変勃発後は日本による満州領有を支持してゆくことになる。

4　満州事変とリットン調査団

†柳条湖事件の勃発

一九三一（昭和六）年九月一八日午後一〇時半ごろ、奉天北方の柳条湖で満鉄の線路が爆破され、奉天の特務機関は「中国側の仕業」として、中国軍と交戦状態に入り、旅順の関東軍司令部に増派を依頼した。関東軍司令官の本庄繁は、参謀の石原莞爾らに説得され、出動、満州各地の占領に乗り出した。

関東軍は、日本政府に対して「暴戻なる支那軍隊は満鉄線路を破壊し、わが守備隊を襲」ったと報告。主要新聞もこの発表を鵜呑みにし、「自衛行動」と報道した。例えば、『朝日』の九月二〇日号では「暴戻なる支那側軍隊の一部が満鉄線路のぶっ壊しをやったから、日本軍が敢然として起ち自衛権を発効させた」と報道した。また、『日日』の九月一九日夕刊では、徳富蘇峰が、幣原の「柔軟外交」が支那を「斯く増長せしめた」と非難、九月二七日夕刊では、「事此に至れば……支那の非人道的、非国際的なる排日の不法行為に対しては十二分の保障を得る迄は断々乎として仮籍する所無きを要す。」と主張した

（細谷ほか、四巻、六、一〇頁）。

一年前のロンドン海軍軍縮条約批准時には軍縮を強く支持していた主要新聞の変身には著しいものがあった。当時の日本では、中村大尉の殺害事件や万宝山事件が大々的に報道される中で、反中国感情が激化していたし、日露戦争の犠牲で獲得した満州に対する国民の特殊な思い入れも作用した。

†若槻内閣の不拡大方針

このように、当初は、中国軍の攻撃に対する「自衛行為」と説明されたが、外務省には、林奉天総領事から九月一五日に「関東軍が軍隊を集結し、弾薬資材を持ち出し、近く軍事行動を起こす形勢だ」という機密電報が入っていた（岡崎、四三六頁）。臨時閣議が、九月一九日の午前一〇時から開かれ、南陸相は、関東軍の「自衛」と説明し、朝鮮軍の越境支援を提案したが、幣原外相は関東軍の「謀略」の可能性を指摘し、戦線不拡大の方針を決定した。

しかし、関東軍は、政府の方針を無視して、二二日には吉林と満鉄沿線を占領した。また、二一日には朝鮮軍が無許可で越境した。当時の関東軍は八八〇〇人位で、張学良指揮下の東北軍は二二万にものぼり、対抗には不安がともなった（山内、細谷、一五〇頁）。閣議では、朝鮮軍の無許可越境に対して、幣原外相や井上蔵相から強い批判がでたが、若槻首相はすでに越境してしまったのだからとして、越境のための予算執行を容認してしまった。

満州事変に対して不拡大の方針であることを若槻首相から聞いた昭和天皇は、二二日に「事態の不拡大という閣議の方針を貫徹するよう努力すべき」と指示した。また、軍隊の越境移動については、本来、天皇の許可が必要であったが、朝鮮軍の越境出動については、すでに出動済みであることから「この度はやむを得ざるも、今後気をつけるようにと戒め」たという（昭和天皇、五巻、八六九～八七〇頁）。

†関東軍の満州全域占領と中国の国際連盟提訴

政府の不拡大方針にもかかわらず、関東軍は、「自衛」の範囲を超えて、満州全域の占領をめざした。張学良の東北軍は当初から無抵抗方針を採用したので、占領拡大は容易だった。関東軍は、一〇月二日に「満蒙を独立国とし、之を我保護の下に置き、在満各民族の平等なる発展を期す」との方針を決定した（北岡、二〇一三年、一七三頁）。この方針は、明らかに、自衛の範囲を超えて、満蒙の全域支配をめざす方針であった。また、一〇月八日には張学良が移駐していた錦州の爆撃を強行した。錦州は中国本土と接近しており、戦闘が日中戦争に拡大する恐れが発生した。

関東軍が、それまではソ連の影響力が強かった北満州まで占領を拡大したことに対して、スターリンは、厳正中立を表明した。それは、三二年まで第一次五カ年計画の最中で、国内の社会主義建設を優先させる方針であったためであった。また、ドイツではナチスが影響力を拡大しており、国防に力を割く場合でも、対独安全保障を優先させる必要があったので、ソ連は、三一年末に日本に対して不可侵条約の締結を提案した（富田、八〇頁）。

他方、中国現地では、重光公使が宋子文財政部長との間で二国間交渉による停戦の可能性を探り始めていたが、関東軍の占領地が拡大するにつれ、中国側は二国間交渉を拒否、九月二一日に国際連盟に日本軍の撤退を求めて提訴した。そのため、幣原外相は、連盟に撤兵条件を説明する必要に迫られ、一〇月一三日に五項目の条件を提示した。それは、①侵略的行動の相互自重の宣言、②敵対的運動抑圧の手段を執る約定、③日本は満州を含む支那の領土保全の尊重再表明、④支那は満州の日本臣民に対して有効な保護を付与、⑤日支の鉄道間の破壊的競争予防のための協定締結、の五項目を提案した（伊香、二二五頁）。

この日本政府の提案では、排日運動の抑制や在満日本人の安全保障、満鉄の利益確保などを条件として、日本軍が撤兵し、満州における中国の主権を承認しようとしていた。しかし、問題は、中国側だけでなく、すでに満州の「分離独立」をめざすことを決定していた関東軍がこの条件をのむ可能性は極めて低いことであった。

また、一〇月二四日に開催された連盟理事会は、日本が期待した条件交渉ではなく、一一月一六日までの撤兵要求を決議した。

†一〇月事件と国際連盟の調査決定

戦線の不拡大に努力していた金谷範三参謀総長などの陸軍中央に対して、若手将校たちの不満が高まり、一〇月一七日に陸軍の桜会に結集した将校たちによるクーデタ未遂事件が発生した。計画の中心には参謀本部ロシア班長の橋本欣五郎がいたが、閣議を急襲して首相以下を惨殺するというシナリオであった（戸部、二〇一六年、九一〜一九二頁）。この事件は未遂に終わったが、関東軍や若手将校の意向に抵抗することの恐怖を政府首脳だけでなく、軍部の穏健派にも痛感させる効果をもった。

日本国内での調整が困難となった若槻内閣は、それまでは消極的であった国際連盟での解決に期待をよせ、一二月一〇日、後に「リットン調査団」として知られるようになる調査団の設置に賛成した。それは、連盟の勧告により軍部の行動を抑制しようとする計画であったが、調査結果がでるまでにかなりの時間がかかるので、関東軍が既成事実をつくりあげてしまう心配もあった。

†若槻内閣の崩壊と犬養政友会内閣の発足

満州占領が拡大するにつれ、若槻内閣の内部では、安達謙蔵内相を中心として政友会との挙国一致内閣の結成によって危機を乗り切ろうとする案が浮上した。この案によると、政友会側と政策を一致させるため、金解禁政策の撤回を迫られるので、井上蔵相が反対した。また、対中強硬政策への転換も予想されたので、幣原外相も反対したため、若槻首相はこの案の撤回を決断、今度は、安達内相が造反したため、若槻内閣は、一二月一一日に総辞職することになった。議会では民政党が依然として圧倒的多数を占めていたが、元老の西園寺は、政友会総裁の犬養毅に組閣を求めた。

もしこの時点で安達構想が実現して、挙国一致内閣ができた場合、関東軍の暴走を食い止められたかどうかは疑問である。対中政策に関して、外務省と陸軍省の間に「二重外交」が存在したのは明治憲法体制からくる構造的矛盾であり、それが政党政治の基礎をも揺るがしていたからである。また、政友会は、対中強硬外交を主張していたから、連立内閣ができたとして、関東軍の暴走を止める可能性は低かったと思われる。

†スティムソンの幣原外交への期待

満州事変が勃発した時、米国のスティムソン国務長官は、九月二三日の日記にこう書いた。「予に与えられた問題は、日本人に対して、われわれは彼らを監視していることを知らしめ、それと同時に、正義派の幣原らを援助する方法でこれを実行し、そして国家主義者の煽動に利用されないようにすることだ。」（岡崎、四四二頁）と。

このようにスティムソンが幣原に期待した理由を、一九三九年にスティムソンが刊行した『極東の危機』の中でこう述べていた。「ワシントン会議から一九三一年九月（満州事変）までの十年間、日本政府は国際政治の舞台において異常な善隣主義の範を垂れた。その外交の中心である幣原男爵が外相の任を負っているのであるから、彼が満洲における強硬政策に対して敢然と戦っているにちがいないことをわれわれは知っていた。彼の仕事を困難にさせるような手段をとるべきではないことは、われわれには明瞭だった」（岡崎、四四二頁）と。

幣原外交に米国の国務長官がこれほど高い期待を寄せていたことは驚きだが、軍隊に対する文民統制がきいている米国では、文民が軍のトップを占め、内閣の決定に軍部も従うのが当然であった。しかし、文民統制が確立していない当時の日本では、軍部の暴走を文民が統制することは困難であり、いかに国際的な高い評価を受けていた幣原でも軍部の抑制には限界があった。それ故、ここでスティムソンが満州事変後の幣原に対して抱いていた期待は過大評価であっただろう。日中関係が決定的に悪化する前の第一次幣原外交期ならもっと可能性があったかもしれないが。

†スティムソン声明の発表

米国は、国際連盟の加盟国ではなかったが、満州問題に関する連盟の会議にはオブザーヴァーを送り、関心をしめしたし、連盟が発足させた調査団にも代表を派遣していた。それだけ満州問題には強い関心を寄せていたわけだが、期待していた幣原を含む若槻内閣が総辞職し、対中強硬政策を主張していた政友会内閣が発足したことは米国の対日政策に変化をもたらした。とくに三二年一月三日に日本軍が錦州占領に踏み切ると、米国は態度を硬化させ、一月七日にスティムソン声明を発表し、日本の満州支配に対する不承認を次のように表明した。

「アメリカ合衆国の条約上の諸権利や中国におけるアメリカ市民の諸権利――門戸開放政策として知られる、中華民国における主権、独立、あるいは領土的ならびに行政的保全の権利――を損なうような中日両政府あるいはその仲介者によるいかなる条約や合意も認めることはできませんし、既成事実化されたいかなる状況の合法性も認めません。また、一九二八年八月二七日に締結されたパリ条約（不戦条約）にはアメリカのみならず中日両国も加盟しておりますが、同条約の誓約と諸義務に反するいかなる状況、条約、あるいは合意も認めることはできません。」と（スティムソン、上、二八四〜二八五頁）。

当時の米国は、大恐慌への対応に追われていたので、日本軍による満州占領に対して不承認を表明したからと言って、対日制裁を実行する余裕はなかった。しかし、侵略による領土変更の不承認原則は、一九三二年三月一一日の連盟総会で四四カ国の賛成で採択された（伊香、二五七頁）ので、中国に対する大きな支援になった。

†犬養内閣の構成と対中構想

犬養毅は、議会開設以来、衆議院議員に連続当選してきた長老の政党政治家で、一時、反政友会の立場にたったこともあった。しかし、一九二五年に自身が党首を務めていた革新倶楽部と政友会が合併して以来、政友会に属し、田中義一総裁の死去後に、政友会の総裁となっていた。

首相を拝命した犬養は、蔵相に高橋是清を、陸相には、若手将校が推す荒木貞夫を、海相には大角岑生を、外相には芳沢謙吉を、内閣書記官長には森恪を配した。内閣発足の直後に、犬養は金輸出の再禁止に踏み切った上で、民政党優位だった衆議院の解散に踏み切り、圧勝した。政友会が三〇三、民政党が一四四、社会民衆党が三となり、犬養内閣は安定多数を獲得した。

犬養は、首相就任直後から、独自に満州問題の解決策を構想した。女婿で、中国通の芳沢謙吉を外相に起用したのもそのための布陣であった。その構想は、満州に対する中国の主権を認めた上で、日中合作で満州に新政権を樹立し、新政権の領域と中国本土との間に二〇キロの中立地帯を設けるものであった。中国行政院院長であった孫科との間で非公式の折衝もおこなっていた（井上、二〇一二年、一五五頁）。

また、満州では、関東軍が清朝の最後の皇帝である溥儀を擁立して、三月一日に満州国の独立を宣言したが、独自の満州事変収拾策を持っていた犬養内閣は、その承認を見送った。

†上海事変の勃発

満州事変以来、中国本土では反日運動が一層激化していた。一九三二（昭和七）年一月一八日、上海で日本人の仏僧ら二名が中国人に襲撃され、死亡する事件が発生した。この事件も日本軍による謀略の可能性があったが、在留邦人と中国人の排日団体との対立が激化する中で、一月末、日本の海軍陸戦隊が上陸し、日本人居住区の防衛についた。また、翌日には、上海の空爆が行われ、日中の武力衝突に発展したが、日本軍は劣勢だったため、重光公使は、陸軍の増派を要請、犬養内閣は二月半ばに一万二〇〇〇人もの増派を決定した。海軍も五〇隻もの大艦隊を投入した。

上海には英米なども駐在する国際共同租界があったので、国際連盟では、満州事変以上に強い反発が日本に向けられた。米国では、対日制裁を求める声が高まった。松岡洋右が和平の特使として派遣され、重光公使とともに、中国側との停戦交渉にあたった。日本軍側では、白川元陸相が上海派遣軍司令官となり、三月三日に予定されていた連盟総会までに停戦を実現した。しかし、四月二九日の天長節を祝う軍事パレードに爆弾が投下され、重光公使は片足を失った。そうした混乱もあったが、停戦協定は五月五日には調印され、日本軍は、一部の陸戦隊を除いて、すべて撤退した（ニッシュ、一一八〜一二一頁）。

†血盟団事件と五・一五事件

一九三二（昭和七）年二月九日、前蔵相の井上準之助が血盟団員に射殺された。続いて三月一一日には、三井合盟理事長の団琢磨がやはり血盟団員に射殺された。血盟団とは、大洗の護国寺の住職、井上日召が、「一殺多生」を合言葉にテロによる国家改造をめざして結成した団体で、西田税や海軍の青年将校ともつながりをもっていた。

この血盟団事件は、大恐慌下で多くの農民や労働者が苦しい生活を余儀なくされる中で、右翼勢力の間で反政党政治や反財界の心情が高まり、テロという反民主的な手段で国家の改造をめざす意識が顕在化したことを示していた。

また、五月一五日には、血盟団にも関係していた数名の海軍将校と陸軍士官候補生からなる一団がクーデタを計画、首相官邸を襲撃し、犬養首相を射殺した。他に牧野伸顕内大臣や警視庁、政友会本部、日本銀行なども標的としたが、目的は達成されなかった。犯人たちは、犬養首相に対して、上海事変の処理法やロンドン海軍軍縮条約、農村の貧困などを批判した上で、射殺したという。

犬養首相の死亡によって、政友会は鈴木喜三郎を後継総裁に指名したが、元老の西園寺は、鈴木が米英に協調的でない上、天皇親政論者であることに不安を抱き、第一次西園寺内閣で海相を務めた斎藤実《まこと》を首班に指名した（北岡、二〇一三年、一八七～一八八頁）。

つまり、軍部と連携した内閣が登場したのであり、政党政治家を首班とする内閣はここに終焉した。しかも、テロによる政権の交代は、日本における民主政治の未成熟を示すだけでなく、ロンドン海軍軍縮条約を推進した浜口首相もテロに倒れたことが象徴するように、国際協調派や自由主義派の発言を委縮させる効果をもった。

†リットン調査団報告の作成過程

国際連盟は、一九三二年一月、満州問題に関する調査委員会を発足させた。委員長には英国のヴィクター・リットンが就任、連盟加盟国ではなかったが、米国からはフランク・マッコイが参加、日本からはトルコ大使の吉田伊三郎、中国からは顧維鈞が参加し、他はイタリア、フランス、ドイツが委員を派遣した。二月末には来日し、犬養首相以下政府要人と会見、三月から六月まで満州を含む中国各地で調査を行い。蔣介石以下、中国政府の要人とも会見した。満州滞在中の四月末に予備報告を作成、七月初には再度訪日し、斎藤首相、内田康哉外相と会見した。

このような周到な準備を経て、委員会は最終報告書の作成にはいった。その過程で、フランスの委員クローデルとリットン委員長の間で対立が表面化した。クローデルは満州国の根本法の改正を条件に満州国の存在を承認するという、日本に妥協的な姿勢を示したが、リットンはそれに反対し、満州国を認めない立場を崩さなかった（臼井、九三頁）。報告書は九月三〇日に連盟理事会で承認され、一〇月二日に公表された。いわゆる「リットン報告書」である。

日本では、リットン調査団の調査に挑戦するかのように、六月一四日には衆議院が満州国の即時承認を求める決議を行った。八月二五日には内田外相が衆議院で、国を焦土にしても満州国の承認に徹すると、一歩も譲らないという強硬姿勢をしめした。それに対して、

図26　1932年２月29日、犬養毅首相を訪問した際のリットン調査団一行

国際連盟日本代表の長岡春一《はるかず》は八月半ばに、吉田茂や佐藤尚武と協議の上、満州国承認は慎重にすべきと提言した（筒井、二〇一八年、一八二、一九三頁）。結局、日本政府は、リットン調査団の報告書公表を待たずに九月一五日、満州国の承認に踏み切った。リットン委員会への挑戦であった。

†リットン調査団報告の内容

この報告書では、まず緒言で、報告書作成の経緯、第一章で中国の最新情勢、第二章で満州の歴史的背景、第三章で満州事変以前の経過、第四章で満州事変以降の展開、第五章で上海事変、第六章で「満州国」の実態、第七章で中国の日貨ボイコット運動、第八章で満州における日本の経済的利害、第九章で解決の原則・条件、第一〇章で連盟理事会に対する提言、が示されていた。

このように中国と満州の歴史的背景を踏まえた提言になっているが、まず、第九章では、満州問題の複雑性を強調した上で、満州は法律的には中国の一部だが、日本と交渉の上で「広範な自治的性質」をもつ地方政権の樹立が必要とした。具体的には、「満足な解決の条件」として一〇項目をあげた。

その③で、解決策が不戦条約やワシントン条約の規定と合致すること、④で、「満洲における日本の権益は無視することができない事実であるから、いかなる解決法もそのことを承認し、日本と満洲の歴史的関係を考慮」に入れるべき、⑤で、満洲における日中それぞれの権利・利益・責任を明記した新条約の締結（それによる中国の日貨ボイコットの中止を含む）、⑦で、「満洲における政府は、中国の主権および行政的保全と一致し、東三省の地方的状況や特徴に応じられるように工夫された広範な自治を確保」すべき（リットン、三二四〜三二五頁）とした。

つまり、リットン調査団は、満州が中国の主権の下にあることを確認した上で、日本との協議のうえで満州に自治政府を樹立することを提案したのであった。この案は、日本が主張する満州における日本の特殊的権利を自治政府構想の中で継続する可能性をもっていた。それ故、牧野伸顕などは協力的だったが、日本経済連盟、工業クラブ、商工会議所、日中実業協会などの経済団体は報告書に敵対的であり、日本政府もあくまで満州国の存立にこだわって、この案を拒否する意向を強めた（Nish,1993, p.186）。

†日本の国際連盟脱退

このリットン調査団報告の提出を受けて、連盟理事会は、一二月初めに総会を召集して、議論したが、小国から日本批判が続出したため、理事会は、日本の脱退を防ぐため、一九カ国からなる小委員会での検討というクッションを置くことにした。他方、日本政府は、松岡洋右を全権に任命した。松岡は、一二月八日の総会の場で、有名な「十字架上の日本」演説を行った。松岡は、「満州問題は、日本の存在そのものと不可分である」ことを強調し、「ナザレのイエスがついに世界に理解されたように、今日十字架にかけられつつある日本も、また、やがては世界から理解されるだろう」として、演説を結んだ。この演説には英仏代表から好評を博したという（豊田、一九八三年、三二一〜三二七頁）。

他方、日本では、リットン報告の拒否を求める世論が高まる一方であった。一二月一九日には、全国の一三二紙の新聞がリットン報告拒否の共同声明を発表した。三三年二月七日には、日比谷公会堂で対国際連盟緊急国民大会が開催され、国際連盟からの脱退が要求された。この模様はＮＨＫラジオで全国中継されたという（筒井、二〇一八年、一九七〜一九九頁）。

図27　演説後、国際連盟の議場より退場する松岡洋右

一九三三（昭和七）年一月三日に、日本軍は、中国人による日本兵舎への攻撃という「偽装工作」をして、山海関を占領し、二月半ばには熱河作戦が開始された。このような日本軍の戦線拡大に多くの連盟加盟国は強く反発した。一九人委員会は、二月一五日に満州国を否定する決定を下し、二月二四日には連盟総会がリットン調査団報告の主要部分を取り入れた決議を四二対一で採択した。松岡全権は抗議の意思を表明して、退場。日本政府は、国際連盟からの脱退を決定した（ニッシュ、一三一～一三三頁）。

こうして幣原が最後の手立てとして期待した、国際連盟の力で軍部の暴走を抑止しようとした試みも挫折した。一九三〇年のロンドン海軍軍縮条約の時には軍縮を支持した日本の世論の多数が翌年の満州事変の時には軍部を支持したわけだが、この変化はどこから来たのか、そこには、満蒙利権に対する、日露戦争以来、多くの日本人が抱いてきた執着があったのだろう。

しかし、問題は、軍事力の行使によってしか満蒙利権は守られなかったのか、という点にある。リットン調査団の報告では、満州における中国の主権を認めながらも、満州における日本の権益を尊重する自治政府の樹立で問題の解決を図ろうとした。日本がこの勧告を受諾して、日中交渉に入る道もありえたのではないか。しかし、その可能性も、関東軍やそれに追随した軍中央の「満州国」死守路線によって葬られたのであった。

結局、満州事変によって、日本は国際的孤立の道に迷い込み、中国との全面戦争を経て、連合国との無謀な戦争に突入することになる。満州国の建国に固執した決定は、その後の日本に大きな犠牲を強いたのであった。

エピローグ──戦争を避ける道はあった

1　戦争を避ける二回のチャンス

†日本が戦争を避けるポイントは？

ヴェルサイユ講和会議から満州事変に至る一〇年余の日本の歩みを振り返ってきたわけだが、ここで、プロローグの冒頭で提起した疑問、つまり、「いったい、どこでボタンを掛け違ったのか」に私なりの答えを出してみたいと思う。この問いを言い換えると、「戦争を避ける道がいつ、どこにあったのか」となるが、それについて考えてみよう。

一九三〇年代に続発する戦争の原点は満州事変にあったことに異論はないだろう。それ故、一九二〇年代において戦争を避ける道を探る場合には、何よりも満州事変を避ける道の探求が必要になる。満州事変は、中国の国権回復運動や北伐による日中関係の悪化が最大の原因である。日米関係では、一九二四年に米国が日系移民を排除する移民法を制定したことが対米感情の悪化をもたらしたが、一九二〇年代における日米の経済関係は比較的安定していたので、移民問題が、多くの日本人に直接的に対米戦争が不可避という認識を抱かせたわけではない。むしろ、米国が、中国の国権回復運動に好意的であったがために、対中感情の悪化に連動して、対米感情も悪化した面が、満州事変への過程では重要であったといえるだろう。

また、一九二〇年代のソ連では、スターリンの一国社会主義路線が主流になったため、コミンテルンによる世界各地の革命運動支援は続いたものの、ソ連は自らの安全確保を第一とする外交を展開した。また、ソ連の安全にとっての第一の脅威はナチス・ドイツであったので、満州事変が勃発した直後にソ連が日本に対して、不可侵条約の締結を提案したように、一九二〇年代における日本の安全保障上の第一の脅威がソ連であったわけではないだろう。むしろ、第一次国共合作の影響で、中国の国権回復運動にソ連の影響が及んでいたことに対する脅威感が主であった。

つまり、満州事変を避ける道を考える場合には、何よりも、日中関係の考察が重要であり、それとの関連で米国やソ連も考察する必要がある。そこで、次に日中関係において満州事変を避ける可能性を考える場合、次の二回のチャンスがあったと思う。

†中国の関税自主権の承認

第一のチャンスは、一九二五(大正一四)年一〇月の北京関税特別会議から第一次若槻内閣が崩壊する一九二七年四月までの第一次幣原外交の対中政策にあった。

この時期は、国民政府による北伐が始まるとともに、中国の国権回復運動が激化していった時期であった。そうした中の一九二五年の五月三〇日に上海の日系工場でストライキが始まり、それを支援するデモ隊に共同租界のイギリス警察が発砲した事件が発生した。以来、中国において激しい英貨ボイコット運動が展開され、対中輸出の激減にたまりかねた英国政府は、一九二六年一二月に対中政策の転換を決意し、中国が要求していた不平等条約の改正や一部利権の返還に応じる姿勢に転換した。また、米国政府も翌二七年一月のケロッグ国務長官声明で不平等条約改正に応じる方向に転換した。

つまり、一九二六年末から二七年初めは、英米両国が帝国主義時代の象徴である不平等条約の是正に応じる政策転換を決意した時期であり、本書で「帝国縮小戦略」と呼んだ政策への転換期であった。この時期に、日本が同様な政策転換をしていれば、中国における「排日運動」の激化は回避できたのではないか。

しかも、日本自身が列強から不平等条約を押し付けられ、その改正に苦闘した経験があったのだから、むしろ英米に先駆けて、条約改正に応じる選択肢はあったのではないか。事実、一九二五年一〇月に開かれた北京関税特別会議で日本は、中国の関税自主権を原則的に承認する姿勢を示して、他の列強を驚かせていた。にもかかわらず、日本政府は、中国の要求する附加税の設定やそれによる増収分の使途を列強への債務返済に向けさせるように主張して、交渉を行き詰まらせたのであった。入江昭はそれを幣原外交の「硬直性」と呼んだが、もしここで、附加税問題などに柔軟に対応して、中国との合意が実現していたら、その後の排日運動は随分緩和されていたのではないか。

†在留邦人の安全確保

もちろん、北京関税特別会議は、段祺瑞内閣の崩壊で流会になっていたので、別な多国間か二国間の会議を開催して、合意をめざす必要があった。その際、そこで成立した中国に対する譲歩の結果を日本国内でどう承認させるか、という難問があった。それは、幣原外交に対しては、政友会などの野党から「軟弱外交」といった非難が投げかけられていたからである。この非難は、国民革命軍の北伐の過程で、在留邦人の生命や財産が危険にさらされた際に、幣原が在留邦人の安全確保のための出兵を拒否したために発生したものである。

しかし、在外居留民の生命や財産の保護は、本国政府の当然の義務である。もちろん、保護の仕方は多様であり、現地政府に保護を厳しく要求したり、それが無理なら、居留民を一時退避させる措置もありえた。当時の状況では、それでも安全が図られない場合がありえたから、英米両政府が行ったように、一時的な出兵もありえたのではないか。もちろん、その際には、居留民の安全が確保されたら、直ちに撤兵するような厳重な軍隊管理が必要となっただろうが。

このような在中邦人の保護措置と並行して、中国の国権回復運動に一定の譲歩を行うことによって、中国の排日運動を緩和させ、満州利権の一部を中国との交渉で確保する可能性はあったのではないか。英国が、漢口や九江の返還に応じて、香港を確保したように。そうすれば、関東軍による暴走は事前に抑止できたと考える。

†在中利権の一部返還

第二のチャンスは、一九三〇（昭和五）年五月に、日本が中国の関税自主権を承認した新関税協定を締結した時期である。この協定の締結に続いて、満州利権の一部留保の交渉をする可能性である。この場合は、田中内閣のもとで発生した済南事件や張作霖爆殺事件の後であり、排日運動は満州にも及んでいたので、合意の可能性は、第一のチャンスに比べると、もっと低かったかもしれないが、ゼロではなかったであろう。事実、重光駐中国代理公使は、一九三一年四月に、蘇州や杭州の祖界返還によって中国側との接点を探る提案を幣原外相にしていたのである。

ただし、日本の在中利権は満州に集中していたので、満州利権の一部を返還する決断に迫られた可能性も高い。鉄道や鉱山の利権を保持して、日本軍の駐留権を放棄するのが、「新外交」時代に適合的な選択肢だっただろう。しかし、この選択には関東軍が猛烈に抵抗しただろうから、その実現には日本における「二重外交」の解消という、もっと構造的な改革が必要になっただろう。

†民主政治の未成熟

また、中国との交渉で満州利権の一部確保の協定を実現したとしても、それを日本国内で承認させるには多くの困難が予想された。一九三〇年一〇月にロンドン海軍軍縮条約が批准されて以来、右翼団体や急進派の若手将校が結集し、テロやクーデタで政府の転覆をはかる動きを表面化させ始めていたからである。一九三〇年一一月の浜口首相狙撃事件、翌三一年三月の陸軍桜会メンバーによるクーデタ未遂事件がそれである。

つまり、日本の国際協調派は絶えず過激な民族派からの反民主的な方法による脅威にさらされていた。それは、天皇側近にも及ぶもので、憲法秩序への挑戦であったが、政党の一部がその動きに同調する傾向さえ示したので、政党政治はその脅威を抑制することができなかった。大正デモクラシーで政党政治が実現したといっても、当時の日本の民主政治は未成熟であったと言わざるを得ない。

†軍部に対する文民統制の強化

その未成熟さを象徴するものとして、軍隊に対する文民統制の欠如があった。明治憲法では軍隊は天皇に直属していて、議会の統制を受けないことになっていた。欧米では、市民革命の結果として文民統制が実現していたのに比べて、日本の軍隊が天皇の直属であったのは、絶対主義的な国家の特徴であった。明治維新の未完の革命部分を象徴していたのである。その結果として、対中政策において外務省と軍部との「二重外交」が発生したのであり、軍部の暴走を可能にした最大の原因でもあった。

しかし、これは、明治憲法の改正を必要とする根本的な改革であり。大正デモクラシーの一環として誕生した当時の政党政治の力量では難しかったかもしれない。それでも、ワシントン会議の折に、全権として派遣された海相の代行を原首相が臨時に務めるなど、軍部に対する文民統制を少しでも前進させる努力は試みられていた。それ故、一部の政党が、政権獲得の為に、軍部に迎合するのではなく、文民統制を少しでも強化するために共同戦線を張るような努力が必要だったと思われる。

†「新外交」時代認識の普及

さらに、当時の日本人の世界認識の変革も不可欠だった。第一次世界大戦後の世界が、「旧外交」から「新外交」への転換期にあったという認識を当時の日本人の間で広める努力が必要であった。もちろん、第一次世界大戦後も、植民地支配が国際連盟の委任統治という名称で存続したことが示すように、「旧外交」も存続したのであり、両大戦間期は「旧外交」と「新外交」の競合期といえるだろう。米英が中国で「帝国縮小戦略」に転換したのも、中国側が激しく「新外交」の実施を要求したことに応えざるをえなかった結果だろう。

日本の場合、近衛文麿が「英米流の平和主義を排す」という論文を書いたのは、一九一八年一二月で、第一次世界大戦が終了した直後であった。それ故、大戦中の米国が山東利権の返還などを要求したことに強く反発し、英米は、広大な植民地や国土をもつ「持てる国」だから、国際連盟などの平和機構の樹立のような「きれいごと」が言えるのだという反発をしめしたのだろう。つまり、この時点の近衛は、「持てる国」に領土の再分割を要求するような「旧外交」の発想に拘束されていた。

しかし、実際にヴェルサイユ講和会議に出席した後になると、近衛は、依然として世界は「力の論理」に支配されているとしながらも、ウィルソンの「一四カ条」の影響をうけて、国際連盟が発足したり、民族自決主義が弱小民族の間に普及し始めていた事実も認めるようになっていたのであった。つまり、近衛も少しずつ「新外交」の浸透を認め始めていたのである。このような「新外交時代の到来」という自覚が、知識人や一部の官僚、経済人には普及していたが、軍部や農民には十分浸透していなかった。軍部や農民の間では依然として「旧外交」を当然とする発想が主流であった。そのため、中国の国権回復運動は、日露戦争の犠牲によって獲得した満州の日本利権を「奪う」ものと受け取めて、反発し、この利権を守るためには軍事力の発動も「当然」とする「旧外交」的な論理が優勢になったのだと思う。

†戦争体験の受け止め方の差

また、満州事変の勃発後の一九三二(昭和七)年二月初め、日比谷公会堂で国際連盟からの脱退を要求する国民集会が開催された日に、牧野伸顕はイギリス大使にこう語ったと

図28　牧野伸顕

争の根源にはこのような事情がある。

いう。

「日本は戦争が西欧諸国にもたらした苦痛を耐える経験がなかった。それが西欧諸国に平和への願いを根付かせ連盟の創立を導いたものであった。日本の近代の歴史は非常に短く、この短い歴史と真の戦争の経験を欠いていることが日本の世論をして実際上例えばイギリスのように進歩させていないことを記憶しておかなければならない。日本と連盟の間の論閣僚のなかで国際連盟を熱心に擁護しそして理解している者は非常に少なく、国民のなかではさらに乏しい」（臼井、一五七～一五八頁）と。

ここで牧野が強調しているのは、西欧では第一次世界大戦の膨大な犠牲が国際連盟の重要性を認識させたのに対して、日本では、同様な体験が欠けているので、連盟の重要性が理解されていないという嘆きである。しかし、日本も日露戦争では九万人近い戦死者を出していたのだから、日本人が戦争の悲劇を経験していないわけではなかった。問題は、その経験の受け止め方にあったのであり、日本では日露戦争の犠牲を「満蒙利権の死守」の主張に結びつけるナショナリズムの論理により、アジア太平洋戦争への突入という、一層大きな戦争被害を招くことになった。その点で、戦争の悲劇に学んで、「新外交」への転換を自ら選択する意識が弱かったといえるだろう。

「新外交」への転換期にあるという自覚があれば、軍事力による「満州領有」ではなく、ワシントン条約で公認された満州や中国市場での「門戸開放・機会均等」の実現によって、日本の参入機会を確保する発想への転換がありえたのではないか。事実、こうした発想は、石橋湛山が「小日本主義」という形で、当時から提唱していたものであった。

第一次世界大戦後の世界が、「旧外交」から「新外交」への転換期にあったという世界史認識は、当時の日本で十分受け止められていなかっただけでなく、現在の日本でも十分深められていない印象が強い。それは、近隣諸国との歴史認識をめぐる摩擦がしばしば繰り返される原因となっているので、その点の検討をして、本書の結びとしよう。

2 現在の歴史認識への教訓

†植民地支配の反省欠如

現在の日本における過去の戦争認識の代表例として、二〇一五年八月一五日に安倍首相が発表した「戦後七〇年談話」を取り上げてみよう。この談話はこう始まっていた。「百年以上前の世界には、西洋諸国を中心とした国々の広大な植民地が、広がっていました。圧倒的な技術優位を背景に、植民地支配の波は、十九世紀、アジアにも押し寄せました。その危機感が、日本にとって、近代化の原動力となったことは、間違いありません。アジアで最初の立憲政治を打ち立て、独立を守り抜きました。日露戦争は、植民地支配のもとにあった、多くのアジアやアフリカの人々を勇気づけました。」と。

ここで示されたのは、近代の世界では「植民地」支配は当たり前であり、日本はそれに抵抗して、近代化を遂げ、日露戦争に勝利したことで、植民地化された諸民族を「勇気づけた」という歴史認識だった。日本が欧米列強から圧迫を受けたのは事実であるが、その日本自体も植民地を保有した過去が無視されている。むしろ日露戦争の勝利でアジアやアフリカの諸民族を励ましたとして、日本が植民地化された民族の側にあったかのような認識が示されていたのだった。植民地支配への反省の欠如といえるだろう。

†アジア太平洋戦争の原因説明

次に、日本がアジア太平洋戦争に突入する過程については、こう説明されている。

「第一次世界大戦を経て、民族自決の動きが広がり、それまでの植民地化にブレーキがかかりました。この戦争は、一千万人もの戦死者を出す、悲惨な戦争でありました。人々は「平和」を強く願い、国際連盟を創設し、不戦条約を生み出しました。……当初は、日本も足並みを揃えました。しかし、世界恐慌が発生し、欧米諸国が、植民地経済を巻き込んだ、経済のブロック化を進めると、日本経済は大きな打撃を受けました。その中で日本は、孤立感を深め、外交的、経済的な行き詰まりを、力の行使によって解決しようと試みました。国内の政治システムは、その歯止めたりえなかった。こうして、日本は、世界の大勢を見失っていきました。」と。

ここでは、第一次世界大戦後に、戦争への反省として、民族自決や国際連盟の樹立などが進んだ点が書かれているが、日本が戦争への道に踏み出した原因は、世界恐慌の結果、欧米諸国による経済のブロック化が進行したため、日本が「行き詰まり」、「力の行使によって解決」しようとしたと説明されていた。

†主体的反省の欠如

しかし、ブロック化の起点である英国の金本位制離脱は、一九三一年九月二一日であり、世界的にそれが確定するのは一九三三年七月に終了したロンドン世界経済会議の失敗だったから、いずれも、一九三一年九月一八日の満州事変より後のことだった。むしろ、満州事変のような軍事力で排他的な市場を確保しようとした日本の行為が世界のブロック経済化を促進した面の反省が欠如している。その上、一九三〇年代における日本の軍事行動は、単なる「力の行使」ではなく、他国の領土への軍事侵攻であったのだから、率直に「侵略」と認める方が今後の反省として大切ではないだろうか。

また、満州事変への道がテロやクーデタによる政党政治の否定によって強行されたことへの言及がないことも疑問である。現在の保守政治家の先輩にあたる人々がテロやクーデタの犠牲になったことに何の感慨もないとすれば、むしろ不思議である。

†一般的反省の歴史認識への適用

安倍談話ではこうも指摘されている。「事変、侵略、戦争。いかなる武力の威嚇や行使も、国際紛争を解決する手段としては、もう二度と用いてはならない。植民地支配から永遠に決別し、すべての民族の自決の権利が尊重される世界にしなければならない。」と。

つまり、一般論としては侵略も植民地支配も否定されているのであるが、どうして、この認識を日本の歴史解釈に適用しないのだろうか。安倍談話は、戦争にいたる過程が、欧米列強による「圧迫」などどこか「他人のせい」にされていて、主体的反省が欠如しているように感じられてならないのである。それでは日本の戦争によって多大な被害を受けた近隣諸国民から共感を得られないだけでなく、日本国民の反省にもつながらないのではないだろうか。

†日中の歴史対話の接点

戦後が七〇年以上も経過しているのに、日中や日韓の歴史和解は容易に達成されないのはなぜか。日中間では、二〇〇七年の小泉純一郎・胡錦濤合意により歴史対話が実現したが、政府やマスコミは、一致点が見いだせずに終わったと評価した。しかし、その報告書を読むと、一致点もあったことが発見できる。例えば、一九二〇年代の幣原外交について、中国側の王建朗論文ではこう評価されている。

「幣原が日本外交を主宰した時期、日本の対中政策は緩和され、一定程度、中国内政を干渉しない方針をとった。例えば、一九二四年九月に始まった第二次奉直戦争中、日本政府では出兵して奉天軍を援助しようと主張する者が少なからずいたが、幣原は中立を極力主張し、不干渉主義を貫いた。……幣原外交は対華二十一カ条が提出された後に醸成された日中関係の緊張した局面を、確かに一定程度緩和し、日中関係は比較的安定した状態を数年間維持した。」（北岡、歩、二一五～二一六頁）と。

つまり、中国側も、一九二〇年代に展開した幣原外交を評価しているのであり、日本側が日本の二〇年代を評価して、三〇年代を反省する姿勢にたてば、日中間の歴史和解は、アジア太平洋戦争の評価に関する限り、進展するのではないだろうか。

†日韓歴史和解の困難さ

日韓でも、二〇〇一年の小泉・金大中合意により二〇〇二年から〇五年にかけて第一期の歴史対話が、また、二〇〇五年の首脳間合意によって二〇〇七年から一〇年にかけて第二期の歴史対話が行われた。しかし、ここでも対立点ばかりが目立って終わったと政府やマスコミは評価した。日韓の間には、慰安婦や徴用工問題のみならず、植民地支配自体の評価の対立が根強く存在するので歴史和解が困難であるのだろう。

徴用工の補償問題に関して、二〇一八年一〇月に韓国の大法院が下した判決にはこう書いてあった。「当時の日本政府の韓半島に対する植民地支配および侵略戦争の遂行と直結した反人道的な不法行為に該当し、かかる不法行為によって原告らが精神的苦痛を受けた」と(山本、一四六頁)。

つまり、韓国の大法院は、徴用工問題が、「植民地支配」と「侵略戦争」の結果として発生した「不法行為」と認定し、日韓条約では植民地支配の問題は「不問」に附されたので、日本政府がいうように「日韓条約で解決済」とは言えないと主張しているのである。

問題の根は韓国併合の評価にかかっているのである。日韓の歴史対話でも韓国併合条約が「合法」だったか「違法」だったかが問われ、平行線をたどったのは事実である。争点は、併合条約の締結が日本の軍事力を背景にした強制性を伴っていたかどうか、にかかっていた。

†「脱植民地化」の歴史認識の芽生え

しかし、先の安倍談話でも「植民地支配からも永遠に決別」すべきと指摘されていた。また、二〇〇一年に国連が主催したダーバン会議では、奴隷貿易や奴隷制、植民地などによる「甚大な人的被害と悲劇的惨状を認めて深く遺憾」とする声明が発せられている（永原、九頁）。つまり、現在では、植民地支配の否定は一般化しているのであり、問題は、その現在的視点から過去をどう振り返るかの問題なのである。

植民地支配が賠償の対象になるか否かは、ダーバン会議でも旧宗主国と旧植民地の間で激しい対立点となったが、植民地支配に対する「遺憾」の表明は旧宗主国からも同意されたわけだから、それに相応しい歴史認識を構築する時代になったのではないだろうか。

図29　韓国高校教科書『東アジアの歴史』（邦訳）

韓国における「東アジア史」の開発

韓国では二〇一二年から高等学校の歴史教育に選択科目として「東アジアの歴史」が導入され、毎年一四万人くらいの生徒が履修しているという。「韓国史」が必修科目として設定されているが、「東アジアの歴史」を導入した意図はこう説明されている。

「現在東アジア諸国の関係は、日増しに緊密になっています。相互依存性が高まるにつれ、東アジア共同体を模索する動きも出てきています。しかし東アジアの国家間には領土をめぐる紛争、歴史摩擦、体制間の対立など解決しなければならない多くの問題があります。東アジア史を通じてこれらの問題を解決し、望ましい東アジアの未来を設計できたらと思います。国家や民族という枠を抜け出し、自分と他人を区別していた視角からもう一歩踏み出し、地域世界という広い世界のなかでわが国について考えてみることを勧めます。」（アン・ビョンウほか、三頁）と。

また、最終章は「東アジアの摩擦と和解」と題されていて、①独島（竹島）などの領土問題、②日本軍慰安婦問題、③日本の歴史教科書問題、④靖国神社参拝問題、⑤中国が古朝鮮や高句麗、渤海を中国の地方史として扱っている「東北工程問題」などの摩擦面をまず紹介している。その上で、「和解と協力の模索」として、①韓中日や韓日の民間レベルの歴史対話や共同歴史教材の作成、②音楽、映画、ドラマの交流を通じた「韓流、日流、華流のような文化現象」の発生を指摘している。その上で、「東アジア各国は地理的隣接性、文化的類似性および相互理解を基盤に過去と現在の摩擦を克服しようとしている」(同、二四七頁)としている。

さらに、平和体制の構築、気候の温暖化、黄砂、原発事故といった地域共通の課題を指摘し、これらの課題に対応するため、一九九八年のアジア通貨危機をきっかけに発足した、ASEAN+3(日中韓)の枠組み、二〇〇五年に始まる東アジア首脳会議(EAS)、一九九二年に始まった北東アジア環境協力プログラム(NEASPEC)などの政府間協力の枠組みを紹介している。

†「脱近代」的歴史認識の推進

歴史教育は、どこの国でも近代国家の国民意識を育成するために導入された傾向が強い。そのため、長い間、「国民」が主語となる記述であった。しかし、現在の東アジアのように経済や文化面の相互依存が盛んになると、複数の国民からなる「地域」が主体となる新しい試みが登場する。EUはヨーロッパ人意識の発揚を意図した歴史教育をめざしているのだろう。

これは、明らかに近代では当たり前の「国民」意識を乗り越えようとする新しい歴史教育の実験である。このような「脱近代的教育」が近現代史でも必要になっている。近代では、戦争は国益拡大の正当な手段＝「正戦」論がまかり通っていた。また、植民地支配や人種差別も当然視されてきた。しかし、現代では、侵略戦争は違法化され、様々な紛争は、国際機関などを通じて、平和的に解決することが求められている。民族や人種の平等も自明の前提となっている。そうした「脱近代的」な方向は、まさに第一次世界大戦後の一九二〇年代から始まっていた。本書が、一九二〇年代の日本に注目したのは、「戦争を避ける道」の発掘のためであると共に、そうした「脱近代的世界史認識」の起点に注目するためでもあった。

事実、国際連盟の誕生や不戦条約の成立は、「正戦」論を否定し、侵略戦争を「違法」とみなす「脱近代化」の努力であった。また、民族自決権の承認は、植民地支配や人種差別の清算の始まりであった。そうした大きな世界史の流れの中に日本を位置づける努力が、今、切実に求められている。一九二〇年代の日本には、そのような「脱近代」化の方向を受容する国際派の努力が存在したが、三〇年代になると、正戦論や植民地支配の肯定という「近代」の論理が強まり、日本を無謀な戦争に導いたのであった。

それ故、両大戦間期の日本の歴史を振り返る時には、二〇年代を評価し、三〇年代を反省する視点に立ち、近隣諸国とも対話可能な歴史像を構築してゆく必要がある。同時に、そのような「脱近代的」な歴史認識の構築が日本の内部でも理解されるためには、戦争責任問題を考える際に、「加害」と「被害」という二項対立的な分析法の克服が必要となる。アジア太平洋戦争に突入していった過程で、それを主導した軍人や政治家の責任と、それに協力せざるを得なかった一般国民の責任を区別する必要があるからである。例えば、原爆や空襲の被害者に対しても「加害責任」を問うようなアプローチでは、一般国民の共感は得られないのではないか。もっと、国民の内部でも責任の軽重をつけるような重層的に責任を明確化する作業を、「脱近代的」な歴史意識の構築とともに進めてゆくことが重要と感じている。本書が少しでもそのような方向の議論に役立つことを願ってやまない。

あとがき

本書は、二〇一五年以来の学会、研究会、市民講座などでの講演と対話の産物である。五年前、日本の安全保障をめぐり激論が闘わされていた中で、私は、第一次世界大戦後に登場した、紛争の平和的処理を求める「新外交」に関して講演を頼まれることが多くあった。その際、会場から、「第一次世界大戦後の日本ではなぜ新外交が定着しなかったのか」という質問を受けることが多かったが、当時の私には日本史の学びが浅く、十分な答えは出せなかった。以来、私なりに、一九二〇年代の日本史と世界史の統合の努力を積み重ねてきた結果が本書となった。

また、もう一つの契機として、二〇〇六年秋に、高校の必修科目である世界史を他の科目で代替する「世界史未履修問題」の発覚があった。この問題の背景には、憶《おぼ》える用語の多い世界史を生徒たちが敬遠する傾向があると知り、日本学術会議などの場で、他の先生方とともに、解決策として、世界史と日本史を統合する新科目の設定を提案した。また、高校と大学で歴史教育に携わる先生方とともに、二〇一五年に高大連携歴史教育研究会の結成に関わり、新科目の在り方などを検討してきた。幸い、二〇二二年から必修として近現代の世界史と日本史を統合した新科目「歴史総合」が必修科目として開設されることとなり、新科目に向けた議論が一層、加速してきた。世界史と日本史の統合には色々困難な面があるが、両大戦間期もその代表例であり、私としては、歴史教育の面からも本書を書く必要があると感じた。本書で歴史教育の問題にも触れたのはそうした事情があった。

こうした経緯から生まれた本書だけに、色々な方や機関のお世話になった。学会では、歴史学研究会、日本西洋史学会、宮城歴史科学研究会など、大学関係では、私の最後の勤務校であった東京女子大学の方々、東北学院大学の仁昌寺正一先生、静岡大学の岩井淳先生、青山学院大学の羽場久美子先生など、市民講座では、東京都の武蔵野市、杉並区、世田谷区、日野市の関係者の方々にお世話になった。

また、文献史料面では、東京大学の駒場図書館、アメリカ太平洋地域研究センター図書館、法学部近代日本法政史料センター図書室、総合図書館、国立国会図書館のデジタル資料などにお世話になった。さらに、資料の面では、茂木敏夫、笠原十九司の両氏のお世話になった。また、校正の段階がちょうど、コロナウイルス騒ぎで大学図書館が閉館になってしまった関係で、引用文献の確認などで、木畑洋一、富田武の両氏にご助力をいただいた。記して感謝申し上げる次第である。こうした方々のご協力なしに本書の刊行はありえなかったが、本書の内容に関する責任は、もちろん、私ひとりにあることは言うまでもない。

最後に、本書をちくま新書として出版するにあたっては、編集長の松田健氏に大変お世話になった。ちくま新書からは、以前に別なテーマで執筆のお誘いをいただいたのだが、それをお断りしたにもかかわらず、今回のテーマでお引き受けいただいたことに大変感謝している次第である。本書が、一九二〇年代の日本史と世界史の対話を促進する上で少しでも役立てば望外の幸せである。

二〇二〇年五月

油井大三郎

文献リスト・図版出典

日本語文献

麻田貞雄『両大戦間の日米関係——海軍と政策決定過程』（東京大学出版会、一九九三年）
荒瀬豊「日本軍国主義とマス・メディア」（『思想』一九五七年九月）
アン・ビュンウほか、三橋広夫・三橋尚子訳『東アジアの歴史——韓国高等学校歴史教科書』（明石書店、二〇一五年）
池崎忠孝『米国怖るるに足らず』（先進社、一九二九年）
伊香俊哉『近代日本と戦争違法化体制——第一次世界大戦から日中戦争へ』（吉川弘文館、二〇〇二年）
石橋湛山、鴨武彦編『石橋湛山著作集3——政治・外交論』（東洋経済新報社、一九九六年）
石原莞爾『最終戦争論・戦争史大観』（中公文庫、一九九三年）
伊東昭雄編『アジアと近代日本（思想の海へ）』一一巻（社会評論社、一九九〇年）
伊藤隆『昭和初期政治史研究——ロンドン海軍軍縮問題をめぐる諸政治集団の対抗と提携』（東京大学出版会、一九六九年）
伊藤隆、広瀬順晧編『牧野伸顕日記』（中央公論社、一九九〇年）
井上寿一『政友会と民政党——戦前の二大政党制に何を学ぶか』（中公新書、二〇一二年）
井上寿一『増補 アジア主義を問いなおす』（ちくま学芸文庫、二〇一六年）
今井清一、高橋正衛編『現代史資料4 国家主義運動1』（みすず書房、一九六五年）
入江昭『極東新秩序の模索』（原書房、一九六八年）

上杉慎吉『日米衝突の必至と国民の覚悟』（大日本雄弁会、一九二四年）
ウォルドロン、アーサー編、北岡伸一監訳『平和はいかに失われたか――大戦前の米中日関係・もう一つの選択肢』（原書房、一九九七年）
宇垣一成『宇垣一成日記1』（みすず書房、一九六八年）
浮田和民、渡辺金三『日米非戦論』実業之日本社、一九二五年）
浮田和民『満洲問題と日米親善論』（北文館、一九三四年）
臼井勝美『満洲国と国際連盟』（吉川弘文堂、一九九五年）
ウラム、アダム・B、鈴木博信訳『ソヴエト外交史1　膨脹と共存』（サイマル出版会、一九七八年）
大川周明『米英東亜侵略史』（第一書房、一九四二年／土曜社、二〇一八年）
大川周明『大川周明全集』一、二巻（岩崎書店、一九六一～六二年）
大川周明『世界史』（毎日ワンズ、二〇一九年）
岡崎久彦『幣原喜重郎とその時代』（ＰＨＰ文庫、二〇〇三年）
外務省編『日本外交史年表竝主要文書　一八四〇～一九四五』下（原書房、一九六六年）
笠原十九司『日中戦争全史』上・下（高文研、二〇一七年）
笠原十九司『憲法九条と幣原喜重郎――日本国憲法の原点の解明』（大月書店、二〇二〇年）
川島真『中国近代外交の形成』（名古屋大学出版会、二〇〇四年）
北一輝『北一輝思想集成』（書肆心水、二〇〇五年）
北一輝『日本改造法案大綱』（中公文庫、二〇一四年）
北岡伸一『政党から軍部へ　１９２４～１９４１』（中公文庫、二〇一三年）
北岡伸一『門戸開放政策と日本』（東京大学出版会、二〇一五年）
北岡伸一、歩平編『「日中歴史共同研究」報告書』二巻（勉誠出版、二〇一四年）

木村昌人『渋沢栄一――民間経済外交の創始者』（中公新書、一九九一年）
清沢洌『清沢洌選集』（日本図書センター、一九九八年）
久保亨『戦間期中国〈自立への模索〉――関税通貨政策と経済発展』（東京大学出版会、一九九九年）
グリスウォルド、A・W、柴田賢一訳『米国極東政策史』（ダイヤモンド社、一九四一年）
黒沢文貴『大戦間期の宮中と政治家』（みすず書房、二〇一三年）
黒野耐『日本を滅ばした国防方針』（文春新書、二〇〇二年）
黒羽茂『日米抗争史の研究』（南窓社、一九七三年）
纐纈厚『田中義一――総力戦国家の先導者』（芙蓉書房出版、二〇〇九年）
後藤春美『上海をめぐる日英関係　一九二五―一九三二年』（東京大学出版会、二〇〇六年）
近衛文麿『戦後欧米見聞録』（外交時報出版部、一九二〇年）
近衛文麿『近衛公清談録』（千倉書房、一九三七年）
小林龍夫編『翠雨荘日記――伊東家文書』（原書房、一九六六年）
小山俊樹『評伝　森恪――日中対立の焦点』（ウェッジ、二〇一七年）
ゴルヴィツァー、ハインツ、瀬野文教訳『黄禍論とは何か』（草思社、一九九九年）
澤田次郎『近代日本人のアメリカ観――日露戦争以後を中心に』（慶應義塾大学出版会、一九九九年）
重光葵『昭和の動乱』上（中公文庫、二〇〇一年）
重光葵『外交回想録』（中公文庫、二〇一一年）
幣原喜重郎『外交五十年』（中公文庫、一九八七年）
篠原初枝『戦争の法から平和の法へ――戦間期のアメリカ国際法学者』（東京大学出版会、二〇〇三年）
昭和天皇『昭和天皇実録』四、五巻（東京書籍、二〇一六～一七年）
シン、ビン、杉原志啓訳『評伝　徳富蘇峰――近代日本の光と影』（岩波書店、一九九四年）

新聞資料集成大正昭和編年史刊行会『新聞集成昭和編年史』昭和五年版（新聞資料出版、一九五八年）
スティムソン、ヘンリー・L、清沢洌訳『極東の危機』（中央公論別冊附録、一九三六年）
スティムソン、ヘンリー・L、マックジョージ・バンディ、中沢志保・藤田怜史訳『ヘンリー・スティムソン回顧録』上（国書刊行会、二〇一七年）
関静雄『ロンドン海軍条約成立史――昭和動乱の序曲』（ミネルヴァ書房、二〇〇七年）
孫文、深町英夫編訳『孫文革命論集』（岩波文庫、二〇一一年）
高橋章『アメリカ帝国主義成立史の研究』（名古屋大学出版会、一九九九年）
高原秀介『ウィルソン外交と日本』（創文社、二〇〇六年）
高光佳絵『アメリカと戦間期の東アジア』（青弓社、二〇〇八年）
田中義一伝記刊行会編『田中義一伝記』（原書房、一九八一年）
田中陽児、倉持俊一、和田春樹編『世界歴史体系ロシア史』三巻（山川出版社、一九九七年）
田原総一朗『日本近現代史の「裏の主役」たち』（PHP文庫、二〇一三年）
筒井清忠『満州事変はなぜ起きたのか』（中公選書、二〇一五年）
筒井清忠編『昭和史講義――最新研究で見る戦争への道』（ちくま新書、二〇一五年）
筒井清忠『戦前日本のポピュリズム――日米戦争への道』（中公新書、二〇一八年）
鶴見祐輔『米国国民性と日米関係の将来』（岩波書店、一九二二年）
鶴見祐輔『北米遊説記』（大日本雄弁会、一九二七年）
鶴見祐輔『現代米国論』（日本評論社、一九三一年）
鶴見祐輔『欧米大陸遊記』（大日本雄弁会講談社、一九三三年）
徳富蘇峰『日本帝国の一転機』（民友社、一九二九年）
戸部良一『日本陸軍と中国――「支那通」にみる夢と蹉跌』（ちくま学芸文庫、二〇一六年）

戸部良一『自壊の病理――日本陸軍の組織分析』（日本経済新聞出版社、二〇一七年）
富田武『戦間期の日ソ関係　一九一七―一九三七』（岩波書店、二〇一〇年）
豊田穣『松岡洋右――悲劇の外交官』上（新潮社、一九八三年）
豊田穣『宰相若槻礼次郎――ロンドン軍縮会議主席全権』（講談社、一九九〇年）
永井和「張作霖爆殺事件と田中義一首相の上奏」（『日本歴史』五一〇、一九九〇年一一月）
中島岳志『血盟団事件』（文春文庫、二〇一六年）
中島岳志『保守と大東亜戦争』（集英社新書、二〇一八年）
永原陽子編『「植民地責任」論――脱植民地化の比較史』（青木書店、二〇〇九年）
ニッシュ、イアン、関静雄訳『戦間期の日本外交――パリ講和会議から大東亜会議まで』（ミネルヴァ書房、二〇〇四年）
波多野勝『浜口雄幸――政党政治の試験時代』（中公新書、一九九三年）
服部龍二『東アジア国際環境の変動と日本外交　一九一八―一九三一』（有斐閣、二〇〇一年）
服部龍二『幣原喜重郎――外交と民主主義』（吉田書店、二〇一七年）
原田熊雄『西園寺公と政局　第一巻――自昭和三年至昭和五年』（岩波書店、一九五〇年）
坂野潤治『近代日本の構造』（講談社現代新書、二〇一八年）
坂野正高「第一次大戦から五・卅まで」（植田捷雄編『現代中国を繞る世界の外交』野村書店、一九五一年）
樋口麗陽『日米問題裏面史』（日本書院、一九二〇年）
樋口麗陽『第二次世界大戦未来記』（大明堂書店、一九二一年）
樋口麗陽『日本危機――米禍来る』（日本書院、一九二四年）
ピトキン、ウォルター・B、佐藤鋼次郎訳『日本と戦はん乎』（目黒分店、一九二一年）

姫田光義、阿部治平、石井明、岡部牧夫、久保亨、中野達、前田利昭、丸山伸郎『中国二〇世紀史』(東京大学出版会、一九九三年)
廣部泉『人種戦争という寓話――黄禍論とアジア主義』(名古屋大学出版会、二〇一七年)
藤井昇三「ワシントン会議と中国の民族運動」(『東洋文化研究所紀要』五〇、一九七〇年三月)
藤井忠俊『在郷軍人会――良兵良民から赤紙・玉砕へ』(岩波書店、二〇〇九年)
藤原彰編『日本民衆の歴史8――弾圧の嵐のなかで』(三省堂、一九七五年)
藤村一郎、後藤啓倫『吉野作造と関東軍――満蒙権益をめぐる民本主義と統帥権の相克』(有志舎、二〇一九年)
細谷千博、斎藤真、今井清一、蠟山道雄編『日米関係史』三、四巻(東京大学出版会、一九七一～七二年)
細谷千博、斎藤真編『ワシントン体制と日米関係』(東京大学出版会、一九七八年)
牧野伸顕『回顧録』上・下(中公文庫、一九七七～七八年)
松本健一『日本のナショナリズム』(ちくま新書、二〇一〇年)
簑原俊洋『排日移民法と日米関係――「埴原書簡」の真相とその「重大なる結果」』(岩波書店、二〇〇二年)
三牧聖子『戦争違法化運動の時代――「危機の二〇年」のアメリカ国際関係思想』(名古屋大学出版会、二〇一四年)
ミラー、エドワード、沢田博訳『オレンジ計画』(新潮社、一九九四年)
三輪公忠「徳富蘇峰の歴史像と日米戦争の原理的開始」(芳賀徹ほか編『講座比較文学5　西洋の衝撃と日本』東京大学出版会、一九七三年)
森克己『満洲事変の裏面史』(国書刊行会、一九七六年)
山内昌之、細谷雄一編『日本近現代史講義』(中公新書、二〇一九年)

山本晴太ほか『徴用工裁判と日韓請求権協定』（現代人文社、二〇一九年）
油井大三郎『なぜ戦争観は衝突するか――日本とアメリカ』（岩波現代文庫、二〇〇七年）
油井大三郎『好戦の共和国　アメリカ――戦争の記憶をたどる』（岩波新書、二〇〇八年）
由井正臣『軍部と民衆統合――日清戦争から満州事変まで』（岩波書店、二〇〇九年）
吉野作造『吉野作造選集』四、五、九巻（岩波書店、一九九五～九六年）
リー、ホーマー、望月小太郎訳『日米必戦論』（原本一九一一年、原書房、一九八二年）
リットン、ヴィクター、渡部昇一訳『リットン報告書』（ビジネス社、二〇一四年）
ルー、デービット・J、長谷川進一訳『松岡洋右とその時代』（ＴＢＳブリタニカ、一九八一年）

英語文献

Borg, Dorothy, *The United States and the Far Eastern Crisis of 1933-1938*, Harvard University Press, 1964.
Borg, Dorothy, *American Policy and the Chinese Revolution, 1925-1928*, Octagon Books, 1968.
Burns, Richard D. and Edward M. Benett eds., *Diplomats in Crisis: US- Chinese-Japanese Relations, 1919-1941*, ABC-Clio, 1974.
Chow, Phoebe, *Britain's Imperial Retreat from China, 1900-1931*, Routledge, 2017.
Ellis, L. Ethan, *Frank B. Kellogg and American Foreign Relations, 1925-1929*, Rutgers University Press, 1961.
Ellis, L. Ethan, *Republican Foreign Policy, 1921-1933*, Rutgers University Press, 1968
Hu, Shizhang, *Stanley K. Hornbeck and the Open Door Policy, 1919-1937*, Greenwood Press, 1995.
McCormick, Thomas J., *China Market*, Ivan R. Dee, Publisher, 1967.

Nish, Ian, *Japan's Struggle with Internationalism: Japan, China and the League of Nations, 1931-1933*, Kegan Paul International, 1993.
Wright, Quincy, *A Study of War*, University of Chicago Press, 1965.

主要写真出典

図1　筒井清忠編『昭和史講義』ちくま新書、二〇一五年
図2　A・ウォルドロン編著『平和はいかに失われたか』原書房、一九九七年
図4　筒井清忠『満州事変はなぜ起きたのか』中公選書、二〇一五年
図8　三牧聖子『戦争違法化運動の時代』名古屋大学出版会、二〇一四年
図9　木村昌人『渋沢栄一』中公新書、一九九一年
図10　黒野耐『日本を滅ぼした国防方針』文春新書、二〇〇二年
図11　廣部泉『人種戦争という寓話』名古屋大学出版会、二〇一七年
図12・13　貴堂嘉之『移民国家アメリカの歴史』岩波新書、二〇一八年
図15　愛知大学東亜同文書院大学記念センター
図17　久保亨他『現代中国の歴史』東京大学出版会、二〇〇八年
図18　鴨武彦編『大日本主義との闘争　石橋湛山著作集3』東洋経済新報社、一九九六年
図20　毎日新聞社
図22　中国・国際戦略研究基金会編『対日戦争史録』一九九五年
図26　共同通信社
図27　井上寿一『戦前日本の「グローバリズム」』新潮選書、二〇一一年
第三章扉　明石紀雄・飯野正子『エスニック・アメリカ〔第三版〕』有斐閣選書、二〇一一年

ちくま新書
1499

避《さ》けられた戦争《せんそう》
——一九二〇年代《ねんだい》・日本《にほん》の選択《せんたく》

二〇二〇年六月一〇日　第一刷発行

著者　油井大三郎（ゆい・だいざぶろう）
発行者　喜入冬子
発行所　株式会社　筑摩書房
東京都台東区蔵前二-五-三　郵便番号一一一-八七五五
電話番号〇三-五六八七-二六〇一（代表）
装幀者　間村俊一
印刷・製本　三松堂印刷　株式会社

ISBN978-4-480-07321-1 C0221

ちくま新書

1136 昭和史講義——最新研究で見る戦争への道　筒井清忠編

なぜ昭和の日本は戦争へと向かったのか。複雑きわまる戦前期を正確に理解すべく、俗説を排して信頼できる史料に依拠。第一線の歴史家たちによる最新の研究成果。

1194 昭和史講義2——専門研究者が見る戦争への道　筒井清忠編

なぜ戦前の日本は破綻への道を歩んだのか。その原因をより深く究明すべく、二十名の研究者が最新研究の成果を結集する。好評を博した昭和史講義シリーズ第二弾。

1266 昭和史講義3——リーダーを通して見る戦争への道　筒井清忠編

昭和のリーダーたちの決断はなぜ戦争へと結びついたのか。近衛文麿、東条英機ら政治家・軍人のキーパーソン15名の生い立ちと行動を、最新研究によって跡づける。

1341 昭和史講義【軍人篇】　筒井清忠編

戦争の責任は誰にあるのか。東条英機、石原莞爾、山本五十六ら、戦争を指導した帝国陸海軍の軍人たちの実像を最新研究をもとに描きなおし、その功罪を検証する。

983 昭和戦前期の政党政治——二大政党制はなぜ挫折したのか　筒井清忠

政友会・民政党の二大政党制はなぜ自壊したのか。軍部台頭の真の原因を探りつつ、大衆政治・劇場型政治が誕生した戦前期に、現代二大政党制の混迷の原型を探る。

1111 平和のための戦争論——集団的自衛権は何をもたらすのか？　植木千可子

「戦争をするか、否か」を決めるのは、私たちの責任になる。集団的自衛権の容認によって、日本と世界はどう変わるのか？　現実的な視点から徹底的に考えぬく。

948 日本近代史　坂野潤治

この国が革命に成功し、わずか数十年でめざましい近代化を実現しながら、やがて崩壊へと突き進まざるをえなかったのはなぜか。激動の八〇年を通観し、捉えなおす。